山东省研究生教育质量提升计划建设项目（研究生教育教学改革研究项目）"双一流"背景下山东省专业学位研究生教育质量多主体多维度评价体系研究"（项目编号：SDYJG19117）

专业学位研究生教育质量
多主体多维度评价体系研究

赵　莉　吴永春◎著

中国财经出版传媒集团

经济科学出版社
Economic Science Press

前　言

研究生教育是国民教育的重要组成部分，是教育强国建设的引擎，是培养高层次创新人才的主要途径。我们国家历来高度重视人才和教育，尤其是高等教育及研究生教育。

1949 年新中国成立之前，研究生教育非常落后，发展也非常缓慢。1935 年颁布的《学位授予法》，对学位授予的级别、学位获得者的资格和学位评定的办法等做了详细的规定，这也是中国现代学位制度的开端。由于当时的中国处于战争状况，各高校受到严重干扰和破坏，硕士研究生的招收数量少之又少，甚至无法培养博士研究生。

新中国成立后不久，百废待兴。为适应国家经济建设对人才的需要，1953 年 11 月 27 日，高等教育部发布了《高等学校培养研究生暂行办法（草案）》，以培养"高等学校师资和科学研究人才"。1961 年 9 月，中共中央印发《中华人民共和国教育部直属高等学校暂行工作条例（草案）》（简称"高教六十条"），对研究生教育做了具体规定。1963 年，教育部召开研究生工作会议通过了《高等学校培养研究生工作暂行条例（草案）》等文件。这些政策文件和工作经验，促使我国研究生教育工作逐步走上正轨。到 1965 年，我国培养研究生的高等学校有 134 所，科研机构 100 个，毕业研究生 15942 人，为社会主义过渡时期和全面建设社会主义时期的国家建设作出了巨大贡献。

十年"文化大革命"导致人才培养的断裂。1977 年 10 月 12 日，国务院批转教育部《关于 1977 年高等学校招生工作的意见》和《关于高等学校招收研究生的意见》两个文件，这标志着因"文革"中断十余年的研究生教育，开始正式恢复。1981 年 1 月 1 日开始施行的《中华人民共和国学位条例》，使得研究生培养工作有了法律依据，研究生教育从此进入了稳步发展阶段。

随着我国国民经济的快速发展，尤其是改革开放的不断深入，我国对高层次应用型人才有了大量需求。从 1984 年开始，教育主管部门以及各个高校从工程、医学、财经、政法、工商管理等领域不断探索"职业性"硕士的必要性和可行性。1991 年 2 月 22 日，《关于进行工商管理硕士学位试点工作和进一步开展研讨工作的通知》的下发标志着我国第一个专业学位正式诞生，然后又设置了建筑学硕士、法律硕士、教育硕士、工程硕士等专业学位。1996 年，国务院学位委员会办公室印发《专业学位设置审批暂行办法》，对于我国专业学位教育的规范化发展起到了积极的促进和保障作用。

进入 21 世纪以来，高等教育进入大众化阶段，特别是专业学位教育进入快速发展阶段。为了规范专业学位培养工作、提升专业学位教育质量，从 2000 年国务院学位委员会办公室下发《关于开展中国高校工商管理硕士（MBA）学位教学合格评估工作的通知》开始，有关部门相继对公共管理硕士（MPA）、教育硕士（Ed. M）、翻译硕士（MTI）等专业学位进行了教学合格评估，以促进相关专业学位教育的健康、顺利发展。2010 年 9 月印发的《硕士、博士专业学位研究生教育发展总体方案》，全面总结了专业学位设置 20 年来的经验，明确专业学位研究生教育今后 5～10 年的发展目标，并提出具体实施方案以促进专业学位研究生教育水平和人才培养质量的不断提高。

党的十八大以来，在以习近平同志为核心的党中央坚强领导下，我国研究生教育发生了巨大、深刻的变化，实现了历史性跨越，建成了完整的高层次人才自主培养体系，取得了全方位、开创性的历史性成就。我国形成了中国特色的学位授予与人才培养学科专业目录，建立了学科门类齐全、结构布局相对合理的涵盖 14 个学科门类、113 个一级学科、47 种专业学位类别的学科专业体系。十年来，全国 800 多个研究生培养单位向经济社会发展主战场输送了 60 多万名博士和 650 多万名硕士，其中，硕士专业学位授予人数占比从 2012 年的 35% 增至 2021 年的 58%，博士专业学位授予人数占比从 5.8% 增至 9%。①

　　质量是研究生教育的生命线。"提高研究生教育质量"是研究生教育改革的基础和主要内容。教育质量评价是衡量培养结果和监督培养过程质量的重要手段。国家从实施研究生教育制度开始，就非常重视研究生教育质量。从学位授权点的"学位授权审核""学位与研究生教育质量检查""周期性合格评估""专项评估"到"学科评估"等一系列举措，有效促进了研究生教育质量和学科建设水平的不断提升，以及研究生教育内涵式发展。特别是，2014 年 1 月 29 日，国务院学位委员会、教育部颁布的《关于加强学位与研究生教育质量保障和监督体系建设的意见》，全方位构建了学位授予单位、教育行政部门、学术组织、行业部门和社会机构共同参与的"五位一体"的研究生教育质量保障体系。这为学位授予单位健全研究生教育质量保障体系和监督体系提供了依据，也为学者进行理论和实践研究指明了方向。

　　近年来，许多学者对研究生教育质量保障体系及质量评价体系进行了探讨，其中也有不少学者对专业学位研究生教育质量评价体系的构建进行了深入研究，并通过评价实践，结合"以评促建，以评促改，以评促管、评建结合、重在建设"的指导思想，不断提升专业学位研究生教育质量。

　　本书是山东省研究生教育质量提升计划建设项目（研究生教育教学改革研究项目）"'双一流'背景下山东省专业学位研究生教育质量多主体多维度评价体系研究"的最终成果。本书具体内容分为四个部分：

　　第一部分（第 1 章），主要介绍本书的选题来源、研究目的及意义，确

---

① 数据来源：2022 年 6 月 14 日，教育部第四场"教育这十年""1 + 1"系列新闻发布会。

定本书的研究内容和框架结构，并总结研究的创新点。第二部分（第 2～3 章），主要介绍我国研究生教育发展历程、研究生教育评估历史及现状，重点评述专业学位研究生教育质量评价研究的相关文献。第三部分（第 4～5 章），主要介绍专业学位研究生教育质量多主体多维度评价指标体系的构建和实证分析。第四部分（第 6 章），主要介绍专业学位研究生教育质量影响因素分析及对策建议。

本课题从立项到最后结题一直得到山东建筑大学研究生处培养管理科刘岩科长的支持和帮助。同时，山东建筑大学商学院 2019 级硕士研究生石相娇、2021 级硕士研究生王晨在课题研究过程中积极参与承担了部分资料查阅、数据分析等工作。还有 2022 级硕士研究生张美艳协助进行了书稿的文献整理、文字校对等工作。最后，经济科学出版社的编辑老师们为本书的出版付出了辛苦劳动，在此一并致以衷心的感谢。

教育质量评估理论与实践研究正处于不断发展之中，由于作者水平所限，若有不当之处，希望业内专家学者多提宝贵建议。

赵　莉　吴永春

2022 年盛夏于映雪湖畔

目　　录

| 第 1 章 | **绪论** / 1

1.1　研究背景和意义 / 1

1.2　研究内容和框架 / 5

1.3　研究创新点 / 7

| 第 2 章 | **专业学位研究生教育质量评价综述** / 9

2.1　我国研究生教育发展历程 / 9

2.2　专业学位研究生教育培养发展历程 / 44

2.3　研究生教育质量评估现状 / 60

2.4　专业学位研究生教育质量评价研究文献综述 / 118

| 第 3 章 | **多主体多维度评价研究的理论基础** / 131

3.1　利益相关者理论 / 131

3.2　协同理论 / 136

3.3　多级模糊评价模型 / 138

| 第4章 | 专业学位研究生教育质量多主体多维度评价指标体系构建 / 143

4.1　评价指标体系设计原则 / 143

4.2　多主体多维度评价指标的筛选 / 144

4.3　多主体多维度评价指标体系构建 / 145

| 第5章 | 专业学位研究生教育质量多主体多维度评价体系实证研究：
以山东省为例 / 147

5.1　山东省专业学位研究生教育发展概况 / 147

5.2　山东省 Z 大学专业学位研究生教育质量评价实证研究 / 153

| 第6章 | 专业学位研究生教育质量影响因素分析及对策建议 / 164

6.1　专业学位研究生教育质量影响因素分析 / 164

6.2　提升专业学位研究生教育的对策及建议 / 165

参考文献 / 168

第 1 章

绪　　论

1.1　研究背景和意义

　　创新是一个国家、一个民族不断进步和发展的灵魂。创新归根结底依靠人才,尤其是高层次人才。教育是人才培养的基础和关键。因此,教育是国之大计、党之大计,必须被放在优先发展的位置。深化教育改革,推进教育现代化进程,建设教育强国是中华民族伟大复兴的基础工程。教育是科技发展、文化繁荣、国家富强、民族振兴、社会进步、生态和谐、人民幸福的重要基石,这关系到科技创新能力、国家发展潜力、环境保护能力和民族前途未来,对提升国家竞争优势、提高人民综合素质、促进人的全面发展、增强中华民族创新创造活力、实现中华民族伟大复兴的中国梦具有决定性意义。党和国家历来高度重视教育工作。新中国成立特别是改革开放以来,在党中央、国务院的坚强领导下,全党全国各族人民同心同德，共同奋斗，开辟了中国特色社会主义教育发展道路，我国教育事业，特别是高等教育取得了举世瞩目的伟大成就，建成了世界上最大规模的现代化教育体系，保障了广大人民群众受教育的权利，极大地提高了全民族的素质，走出了一条中国特色社会主义教育发展道路，为科技创新、文化传承、经济发展、民生改善作出了重大贡献。进入 21 世纪以来，高等教育进入大众化阶段，研究生教育也随之快速发展起来，招生数量逐年递增，特别是专业学位研究生教育进入快速发展阶段，教育公平迈出重大步伐。党的十八大以来，中国特色社会主义进入新时代，以习近平同志为核心的党中央坚定不移实施科教兴国战略和人才强国战略，坚持优先发展教育，大力推进教育领域综合改革，持续加大教育投入，教育现代化加速推进，教育发展迈上了新台阶，取得了全方位、开创性的历史性成就。随着中国特色社会主义进入新时代，研究生教育也迈入了新的发展阶段。

在我国，研究生教育分为以培养教学和科研人才为主的学术学位研究生教育和以培养特定行业或职业实际工作需要的高层次应用型专门人才为主的专业学位研究生教育。其中，专业学位研究生教育是培养高层次应用型专门人才的主渠道，国务院学位委员会、教育部印发的《专业学位研究生教育发展方案（2020—2025）》，明确指出发展专业学位是新时代学位与研究生教育改革发展的战略重点，专业学位研究生教育进入了大发展时期。专业学位研究生为经济发展、社会进步、国防建设和人民幸福做出了重要贡献。这些贡献主要体现在：第一，逐步完善了我国学位制度，开辟了高层次应用型专门人才的培养通道，实现了由单一学术学位到学术学位与专业学位并重的历史性转变。第二，探索建立了以实践能力培养为重点、以产教融合为途径的中国特色专业学位培养模式。第三，培养输送了一大批人才。截至 2019 年，累计授予硕士专业学位 321.8 万人、博士专业学位 4.8 万人，而且，从 2020 年开始，专业学位的硕士毕业生人数（37.2 万）首次超过了学术学位毕业生（35.6 万）。① 第四，有力支撑了行业产业发展，截至 2020 年，针对行业产业需求设置了 47 个专

---

① 2019 年数据源于《专业学位研究生教育发展方案（2020—2025）》，2020 年数据源于《2020年全国教育事业发展统计公报》。

业学位类别①，基本覆盖了我国主要行业产业、国民经济和社会发展的主要领域，部分专业学位类别实现了与职业资格的紧密衔接。同时，专业学位类别仍然跟随着时代的发展进行不断更新。第五，探索形成了国家主导、行业指导、社会参与、高校主体建设的专业学位研究生教育发展格局，积累了中国特色专业学位发展经验。

面对新时代的新挑战、新部署、新要求，专业学位研究生教育还存在一些突出问题：第一，对专业学位研究生教育的认识还需要进一步深化，重学术学位、轻专业学位的观念仍然需要进行逐步扭转。而且，专业学位研究生教育仍然存在不同程度的简单套用学术学位研究生教育的发展理念、思路、措施和培养模式的现象，未能充分体现专业学位研究生培养的实践特点和行业需求，尚未建立以职业胜任力为导向的高层次应用型人才的培养机制。第二，专业学位研究生教育有效供给还不够充足，培养规模还没有很好地满足经济社会发展对高层次应用型专门人才的迫切需求。第三，专业学位研究生教育结构与质量问题集中反映在层次结构、形式结构、类别结构还无法很好地适应国家和社会需求的快速变化，专业学位授权点数量还不够充足，专业学位类别设置还不够丰富，交叉领域或新兴领域的专业学位类别还亟须拓展，而且，设置机制还不够灵活，培养质量仍亟待提高。第四，专业学位研究生教育发展协同合力尚需增强，反映在国家政策引领、教育指导委员会专业指导、高校实施人才培养与行业企业有效需求还缺乏有效的协同，人才需求与就业状况的动态反馈机制还不够完善，与职业资格的衔接还需要继续深化，多元投入机制还需要继续加强，产教融合育人机制还需要不断健全，从而促进产教融合育人机制成为培养紧缺人才的重要模式。第五，专业学位研究生教育质量评价体系还不够健全，突出表现在评价主体仍存在局限，评价方式还较为单一，评价指标体系还不够完善，评价方法还不够丰富，评价客体仍不够全面，并缺乏针对专业学位研究生职业能力的评价标准体系和持续性改进机制。

研究生教育质量是研究生教育生存和发展的生命线，"提高研究生教育

---

① 学位授予和人才培养学科目录（2018 年 4 月更新）[EB/OL]. 教育部网站，http://www. moe. gov. cn/jyb_sjzl/ziliao/A22/201804/t20180419_333655. html，2018 - 04 - 19.

质量"是研究生教育最核心最紧要的任务，也是改革的主要内容。当前，我国专业学位研究生的培养规模不断扩大，探讨如何提高专业学位研究生教育质量显得尤为重要。教育质量评价是衡量培养结果质量和监督培养过程质量的重要手段。教育质量评价关系教育发展方向，有什么样的评价"指挥棒"，就有什么样的办学方向。因此，为了适应新时代经济建设、社会发展和科技进步的需要，多渠道全方位造就和培养高层次应用型专门人才，并逐步规范高校各种类别专业学位研究生教育的发展，不断提升高层次应用型专门人才培养质量，持续科学地开展专业学位研究生教育质量评价显得尤为重要且必不可少。通过专业学位研究生教育质量评价，能及时有效地了解本单位专业学位研究生教育的师资队伍水平、教学质量水平、培养管理水平、学业质量水平、产教融合水平等情况，及时发现专业学位研究生培养工作中的不足，还可以进一步明确各专业学位人才的培养目标和规格，增强各高校专业学位授权点之间的横向比较，推动各专业学位授权点不断改进创新，从而对各专业学位授权点起到相互学习、合作、激励、导向和督促的作用，逐步形成有针对性的教育质量提升整改方案，持续提高各高校专业学位的人才培养水平。总之，专业学位研究生教育质量是确保专业学位研究生教育生存的基础和可持续发展的动力。因此，在实际实施教育质量评价过程中，各高校专业学位授权点一般要先开展教育质量的自我评价。首先，根据设定的评价指标体系，结合本单位的学科专业特色和服务行业发展特点，对采集的评价信息进行全面系统的分析与研究，这既有利于发现其在专业学位研究生教育中所具有的优势，也有利于挖掘其自身存在的差距，从而及时有效地进行自我调整和完善，形成自主驱动、良性循环、自我发展的内部激励和竞争机制。然后，相关主管部门或评估机构再根据评估工作具体实施方案，组织专家对各高校提交的相关信息进行评价。最后，主管部门或评估机构发布评价结果和处理意见。各高校按要求进行整改，以不断提高专业学位研究生的培养质量和学位授予质量。

本书以政府、高校、导师、学生和社会为评价主体，对专业学位教育质量进行多维度评价，其具体意义体现在：第一，在政府层面上。可以为专业学位研究生教育质量评价活动提供可靠的测评工具；为协调各利益主体之间

的关系提供科学依据；为专业学位研究生教育改革发展的战略决策提供理论
支撑和智力支持。第二，在社会层面上。有助于实现专业学位研究生培养与
社会需求的无缝对接。第三，在高校层面上。可以为专业学位研究生培养方
案的不断优化提供重要依据；可以促进高校增强竞争意识、建立自我约束和
自我规范机制，进一步提高专业学位研究生的教育质量和培养声誉。第四，
在导师层面上。有效的评价结果反馈可以进一步提高教学活动的针对性和教
学内容的合理性。第五，在学生层面上。通过参与评价活动可以使学生更加
深刻地了解教育质量的内涵和要求，发现自身的不足；进一步增强自我学习
的积极性，促进自身专业能力和职业素养的不断提高。

1.2　研究内容和框架

1.2.1　研究内容

本书高度契合中共中央、国务院印发的《中国教育现代化（2035）》和
《深化新时代教育评价改革总体方案》，中共中央办公厅、国务院办公厅印发
的《加快推进教育现代化实施方案（2018—2022）》，国务院学位委员会、教
育部印发的《专业学位研究生教育发展方案（2020—2025）》以及山东省教
育厅发布的《山东省研究生教育综合评价实施方案》的要求，以专业学位研
究生教育质量为评价对象，从与其利益相关的"五元"评价主体（政府、社
会、高校、导师、学生）视角出发，选取多维度评价指标体系构建定量和定
性相结合的综合评价模型，并通过建立有效的评价结果反馈机制促进各评价
主体之间的密切联系、深度交流和逐步融合，消除信任危机达成共识，最终
形成协同化、立体化的专业学位研究生教育质量评价体系。本书具体内容分
为四个部分：

第一部分包括第 1 章，主要介绍本书选题来源、研究目的及意义，确定
本书的研究内容和框架结构，并总结研究的创新点。

第二部分包括第 2～3 章，主要介绍我国研究生教育发展历程、研究生教

育评估历史及现状，重点评述专业学位研究生教育质量评价研究的相关文献，包含专业学位研究生培养模式、保障体系、教育质量评价体系及教育质量提升方案等内容。

第三部分包括第 4～5 章，主要介绍专业学位研究生教育质量多主体多维度评价指标体系的构建和实证分析。

第四部分包括第 6 章，主要介绍专业学位研究生教育质量影响因素分析及对策建议，为各专业学位授予单位提供教育质量提升方案。

1.2.2 研究框架

研究思路和基本框架如图 1.1 所示。

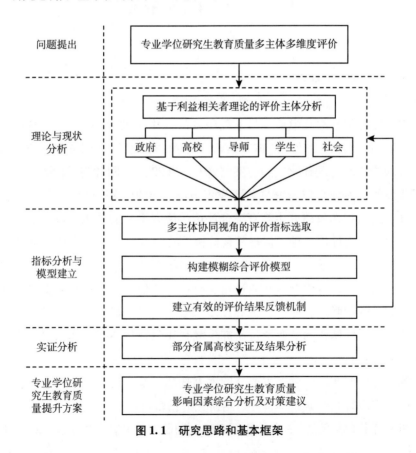

图 1.1 研究思路和基本框架

1.3　研究创新点

我国的专业学位研究生教育是一种针对社会特定职业领域的需要加以设置的学位类型，相对于传统意义上的学术学位研究生教育而言，专业学位研究生教育尤其突出培养人才所具备的专业性、应用性与职业性需求导向。本书所提出的专业学位研究生教育质量多主体多维度评价体系，高度契合我国研究生教育高质量内涵式发展的指导精神，可助力推进专业学位研究生教育改革和快速发展。本书的主要创新点包括：

1.3.1　专业学位研究生教育质量评价主体的多元化转变

专业学位研究生教育是针对社会某些特定职业领域所需而设置的。因此专业学位研究生教育必然涉及高校内外的多个利益相关者，目前政府、社会和高校三者作为专业学位研究生教育质量评价主体的身份在学术理论界和评价实践界都已经得到了普遍认同，而导师和学生同样作为利益相关者，分别是专业学位研究生教育的直接实施者和实施对象，对教育质量的高低有深刻和直接的体会，能够结合自身实际感受对专业学位研究生教育的质量做出更直接、更客观、更准确的评价。本书提出将专业学位研究生教育质量的评价主体由已有的"三元"（政府、社会和高校）评价主体，扩展转变为由政府（各级教育主管部门、相关行政部门）、社会（用人单位、社会第三方评价机构等）、高校（专业学位研究生授予单位）、导师（校内导师、校外导师）、学生（在读研究生、已毕业研究生）组成的相互联系、相互配合、彼此制约的"五元"评价主体。

1.3.2　不同评价主体视角下的多维度评价指标选取

由于参与专业学位研究生教育质量的评价主体已经扩展为政府、社会、高校、导师、学生，并且各评价主体的功能定位不同，参与专业学位研究生教育质量评价活动的方式也不相同，各自关注的侧重点也不同，因此本书将协同不同评价主体的视角选取符合山东省专业学位研究生教育实际需求的多个评价维度，并进一步分解、细化形成各级具体评价指标体系。

1.3.3　定量和定性相结合的专业学位研究生教育质量综合评价模型构建

由于各评价主体在专业学位研究生教育质量评价活动中功能、参与方式和关注的侧重点的差异性，使得相应评价指标的赋值形式也存在较大差异，定量和定性的赋值方式并存，因此本书在构建综合评价模型时将充分考虑运用定量和定性相结合的评价方法，从而使得各评价主体在对评价指标赋值打分时可操作性更强，使得整个评价过程和结果更科学、更合理、更准确。

总之，教育质量的评价结果是提高专业学位研究生教育质量的有效保障，本书将评价结果按照评价主体分类形成多层面的评价结果分析，使不同评价主体均能获取其他各评价主体的评价情况反馈，可以促使各评价主体及时查漏补缺、及早发现并解决问题，最终形成协同化、立体化的专业学位研究生教育质量保障体系。

第 2 章

专业学位研究生教育质量评价综述

2.1　我国研究生教育发展历程①

　　我国的专业学位研究生教育，是在稳步发展学术学位研究生教育的基础上，为适应市场经济发展和社会全面进步对高层次应用型专门人才的需要，对研究生教育进行不断探索、转型而形成的一种更具中国特色的研究生培养模式。因此，对于我国研究生教育的发展历程，尤其是 1977 年国家决定恢复招收研究生制度以来的发展历程，进行全面的梳理，更能体会国家对人才，特别是高层次人才的迫切需求，更能理解国家对教育质量的高度重视。

---

　　①　发展历程的大事记源于《学位与研究生教育》（国务院学位委员会主办）杂志的"中国学位与研究生教育大事记"，http：//www. adge. edu. cn/ch/new – list. aspx。

2.1.1 研究生培养过程管理控制与保障：招生 – 培养 – 毕业

为了保证研究生的教育质量，必须从研究生招生、入学、培养、毕业整个过程严格把关，国家从一开始实施研究生教育制度，就十分重视研究生培养过程管理，施行了许多相关措施。

1977 年 10 月 12 日，国务院批转教育部《关于 1977 年高等学校招生工作的意见》和《关于高等学校招收研究生的意见》两个文件，宣布当年立即恢复高考，这充分表现出国家对高层次人才的迫切需求。由于研究生教育需要的培养条件更高，因此，在《关于高等学校招收研究生的意见》中明确要求教师条件和科学研究基础比较好的单位，应该积极准备研究生招生工作，以保证研究生教育质量。这几个文件的发布标志着由于"文化大革命"而中断十多年的研究生教育，开始正式恢复。经过几个月的酝酿，教育部于 1977 年 11 月 3 日和 1978 年 1 月 10 日发出《关于高等学校 1978 年研究生招生工作安排意见》，决定将 1977 年和 1978 年的研究生招生工作合并进行，并采取严格考试和择优录取的办法开展研究生招生工作。为了保障在校生的基本生活需要，免除其后顾之忧，全身心投入学习，1977 年 12 月，教育部、财政部联合发布《关于普通高等学校、中等专业学校和技工学校学生实行人民助学金制度的通知》，制订了研究生人民助学金标准和困难补助标准，并规定了人民助学金的评定办法，这为保证研究生教育质量奠定了经济基础。

1981 年 11 月 23 日，教育部发出《关于做好 1981 年攻读博士学位研究生招生工作的通知》。我国的研究生培养层次结构趋于完善，也标志着我国将主要依靠自己的力量培养社会主义现代化建设所需的各类专门人才的开端。此通知明确规定招收博士研究生必须是经国务院批准有权授予博士学位的单位、学科（专业）及其指导教师，并规定了报考条件。这些都说明博士研究生的培养条件和报考条件的标准都是从入口来保证研究生教育质量。11月 24 日，国务院学位委员会发出通知强调在学位授予工作中要贯彻"坚持标准，保证质量"的原则，这表明学位授予的标准是从出口来保证研究生教育质量。12 月 10 日，教育部和财政部再次联合下发文件规定从 1982 年 1 月 1

日起，国家职工被录取为脱产学习的研究生，一律按照人民助学金制度的规定标准发放生活待遇，不再享受原单位的工资待遇。这不仅使得国家职工享有了同等研究生教育的权利，而且还有了基本生活保障。12 月 22~29 日，为了保证学位研究生的培养质量，教育部委托华东化工学院（现华东理工大学）、复旦大学邀请有关学科的专家，召开了教育部直属高校化学工程学科、物理学科研究生培养工作经验交流会，制订了《教育部属高等工业学校化工流体力学与传热、传质与分离工程、化学反应工程三个专业攻读硕士学位研究生培养方案》和《教育部属高等学校理论物理、固体物理专业攻读硕士学位研究生培养方案》，这为化学工程学科和物理学科硕士研究生的培养过程标准提供了顶层设计，是国家教育主管部门初次对相关学科专业的硕士学位研究生教育质量进行"国家标准"的有益探索，对保证我国研究生教育质量进行了创新性尝试。

1982 年 6 月 2~10 日，教育部与农林渔业部联合拟订了中国古代文学、中国古代史、基础数学、电机、电力系统及其自动化、作物遗传育种等学科专业参考性的培养方案和通过硕士学位论文的要求，并对上述学科专业的研究生培养质量和学位授予基本质量提供了标准。7 月 17 日，国务院批准教育部印发了《关于招收攻读博士学位研究生的暂行规定》。此规定对博士生的培养目标、招生、报考、录取等都做了规定，为博士生从入口保证教育质量提供了实质性标准。9 月 5~13 日，教育部召开 1983 年全国硕士研究生招生工作会议，在改进硕士研究生招生考试办法方面提出全面进行复试和部分学科、专业进行综合考试试点。这说明国家开始重视研究生招生的综合素质，为研究生培养质量从入口把关进一步提供了具体保障措施。

1984 年 3 月 23 日，教育部联合财政部继续下发文件要求，攻读博士学位研究生的国家职工在学习期间的生活待遇"暂按学校所在地同工种同级别职工标准工资，另加副食品价格补贴，并由所在学校发给"，为年龄较大、家庭负担较重的博士研究生解决了实际困难，从而保证了博士研究生的培养质量。4 月 6 日，国务院学位委员会办公室下发文件要求，由国家科技委员会科技情报研究所和中国社会科学院情报研究所牵头，分别建立自然科学和社会科学方面的博士和硕士学位论文文献库，做好学位论文的保管和交流，以充分发挥我国博士和硕士学位论文的文献情报价值，更好地为各类用户提供文献服务，提高中文学位论文的利用率。4月13日，教育部就1984年硕士学位研究生和研究生班的录取工作提出要求，强调要"认真确定复试标准"，并同时强调要加强政治思想品德考核和体检工作。这充分显示，国家要求学校在研究生招生录取工作中，不仅重视专业综合水平，而且开始着重强调政治思想品德和身体健康素质。7月31日，国务院学位委员会发出通知要求授予博士学位必须坚持政治标准和学术标准。这充分说明，国家要求在学校的研究生培养工作中，必须制定政治标准规范和学术标准规范。研究生在申请学位时，必须满足上述标准规范，从而从研究生教育出口控制学位授予质量。

1985年8月28～31日，国家教育委员会（1985年6月18日，第六届全国人民代表大会常务委员会第十一次会议决定设立国家教育委员会，教育部即撤销）组织召开全国硕士生招生工作会议，会议要求1986年全国硕士研究生招生工作必须贯彻"保证质量、稳步发展"的方针，并做好推荐免试和推荐与考试相结合的工作。还要求在研究生入学考试中合理设置考试科目，提高命题质量；在录取工作中认真做好正常录取和调剂录取工作等。12月12日，国家教育委员会和财政部联合发出通知对普通高校脱产学习的博士研究生和硕士研究生在校学习期间生活待遇等问题做出新的规定，进一步加强和完善了研究生生活待遇问题。

1987年2月18～20日，根据国家教育委员会1987年工作会议的精神，要求继续贯彻《关于改进和加强研究生工作的通知》，重点强调要把研究生工作的重点放在提高质量和加强改革上，并有计划地建设一批重点学科。国家开始逐步加强重点学科建设。5月20日，国家教育委员会发出通知强调录取研究生必须继续贯彻"保证质量、稳步发展"的方针，坚持德、智、体全面衡量，择优录取，确保质量。根据需要和可能，控制和调整研究生的招生数量，努力扩大招收有实践经验的在职人员，同时继续按照大区建立检查组，以保证录取工作顺利开展。这充分显示，国家逐步开始对研究生录取工作进行监督，并录取具有实践和实际工作经验的人员以培养理论与实践相结合的高层次人才。6月15日，国家教育委员会发出通知对马克思主义理论课（公共课）的任务以及课程设置、教学方法、考试要求和教学管理等做出了明确规定。国家逐步开始重视研究生培养过程中的思想政治教育，以保证研究生的思想政治标准。6 月 28 日 ~ 7 月 4 日，国家教育委员会组织召开高校重点学科评选试点工作会议。会议聘请有关专家对经济学等四个一级学科进行重点学科试点评选。专家小组审核贯彻"坚持标准、严格要求、保证质量、公正合理"的原则，并通过通讯评选的方式进行。这为在全国逐步开展高校重点学科的评选工作积累了有益的经验。8 月 12 日，中共国家教育委员会党组和中共中央宣传部联合发出通知明确要求研究生教育必须要坚持社会主义方向，努力培养德才兼备的高质量人才，同时就规范研究生思想政治教育的内容、途径和方法，发挥研究生导师教书育人的作用，加强研究生党支部的建设，健全研究生思想政治工作机构和加强党委对研究生思想政治工作的领导等问题提出了指导性意见。

1988 年 2 月 6 ~ 10 日，国家教育委员会组织召开评选高校重点学科专家组会议。会议审核了文、理、工科经过通讯评选列为高校重点学科的建议名单，初步通过了 71 个单位的 325 个学科、专业点为重点学科点。会议还对重点学科点的评选和建设提出了意见和建议，这为其他高校学科、专业点的重点学科评选工作提供了工作思路和丰富经验。4 月，国家教育委员会研究生司组织召开研究生招生录取工作会议，会议讨论并明确了 1988 年招生录取的方针、政策和标准。并发出通知强调录取工作必须坚持"按需招生"的原则，在保证质量的基础上，继续提高招收有实践经验的在职人员的比例，通知还就录取研究生的标准做出了相应规定。同时继续保持录取检查工作，以严格保障录取质量。7 月 4 ~ 8 日，国家教育委员会、农业部、林业部联合召开了农科重点学科评选专家会议，通过通讯评选的方式，评选出农科重点学科点 36 个，完成了农科重点学科的初次评选工作。9 月 2 ~ 5 日，国家教育委员会、卫生部、国家医药管理局（1988 年 3 月成立，1998 年 3 月改为国家药品监督管理局）、国家中医管理局（1986 年 7 月 20 日成立，1988 年改为国家中医药管理局）联合召开了医科重点学科评选专家组会议，评选出重点学科点 57 个，完成了医科重点学科的初次评选工作。至此，全国高校重点学科第一轮评选工作全部结束，此轮评选共评选出 416 个重点学科点，共涉及

108 所高校。

1989 年 4 月 10 ～ 13 日，国家教育委员会高等教育司组织召开了"一九八九年全国硕士研究生录取工作会议"。会议讨论了如何在录取工作中贯彻"按需招生并继续坚持德、智、体全面衡量，择优录取，保证质量，宁缺毋滥"的原则，优先录取优秀的在职人员，做好"定向培养研究生"的录取工作。这是对研究生招生工作和培养模式进行了创新。5 月 18 日，国家教育委员会发出通知指出为了加强研究生实际工作能力的培养，发挥研究生在教学、科研和行政管理工作中的作用，并在一定程度上改善研究生学习期间待遇，应全面推行研究生兼任教学、科研和行政管理工作。通知对兼任教学、科研和行政管理工作中的聘用条件、进人指标、合理报酬、严格考核等问题提出了意见。由此可以看出，国家已经开始重视研究生除了思想政治和学术水平以外的实际工作的综合能力。7 月 7 日，国家教育委员会发出通知再一次强调对学生加强思想政治教育的重要性。另外，为确保录取研究生的质量，决定要求各招生单位的党组织和行政领导对当年招生的学科、专业和指导教师进行认真复查。哲学等六学科专业，当年主要录取有实践经验的优秀在职人员。这些学科、专业拟录取的应届本科毕业生，入校后一般均应先安排到基层锻炼一年，而后经考核再进入专业学习阶段；也可以保留入学资格，先分配到基层工作 1 ～ 3 年，经考核后再入学。这充分显示实践经验对于研究生教育的重要性，为以后开展专业学位研究生教育进行了有益探索。7 月 27 日，国家教育委员会向直属高校发出通知要求当年拟录取为哲学、经济学等学科、专业硕士研究生和研究生班研究生的应届本科毕业生，除保留入学资格先分配工作者外，应一律就近安排到政治条件较好的厂矿企业、农村、部队等基层单位锻炼一年。锻炼的主要目的是通过实际工作，了解中国的国情、民情，和工农相结合，增加实践经验，锻炼工作能力，提高抵制资产阶级自由化、坚持四项基本原则和献身社会主义建设事业的自觉性。到基层锻炼考核不合格者，不能进入研究生专业学习阶段，按本科毕业生分配。从而可以发现国家教育部门开始从源头重视研究生的思想政治素质和实践能力。9 月，国家教育委员会高等教育司对国家教委委属 12 所综合大学、6 所师范大学1989 年从应届本科毕业生中录取的哲学等学科的 1000 名研究生下基层锻炼的安排情况做了检查汇总。各个学校均非常重视这项工作，并指定专人负责，还制定了一些具体的管理办法和锻炼要求。10 月 18 日，国家教育委员会发出通知对 1990 年的研究生招生对象、选拔办法、推荐应届本科毕业生为硕士研究生的名额分配、招生单位接收推荐应届本科毕业生为硕士研究生的比例、扩大招收有实践经验的优秀在职人员、招收定向培养和委托培养硕士研究生、加强对考生政治思想和道德品质的考核等问题一一做了详细的规定和说明。这是对研究生招生工作和培养模式进行了不断创新。

1990 年 3 月 26 ~ 29 日，高等财经类院校研究生教育管理研讨会召开，会议从招生、培养、管理、学位授予、分配等各个环节入手，对全面保证研究生培养质量的主题进行了充分的讨论，交流了各校的经验。3 月 31 日，国家教育委员会思想政治工作司发出通知和调研提纲，要求有关主管部门和高校就研究生的基本情况、当前研究生思想政治状况及思想政治工作的分析和估计、研究生思想政治工作中亟待解决的问题，进行充分调研，并提出改进意见。6 月 1 ~ 3 日，国家教育委员会高等教育司组织召开 1990 年全国硕士研究生录取工作会议，研究如何贯彻"德、智、体全面衡量、择优录取、确保质量、宁缺毋滥"的原则，做好硕士研究生录取工作。6 月 12 日，国家教育委员会高等教育司发出通知要求国家教育委员会直属高校文科部分专业做好研究生基层锻炼的考核和经验总结工作。这类基层锻炼已经在大部分专业展开，研究生实践创新能力得到了提升。6 月 21 ~ 24 日，农业部所属高校及科研机构研究生工作会议召开，会议着重研究了如何加强研究生的思想政治工作，同时交流了研究生培养工作中的经验。8 月 6 ~ 9 日，国家教育委员会思想政治工作司和高等教育司联合召开研究生思想政治工作座谈会。会议着重分析了当前研究生思想政治状况，研究了研究生思想政治工作目前应着重做好的事情，探讨了在研究生教育的各个环节加强德育教育，创造良好的育人环境问题，并就研究生导师教书育人情况进行了交流。这充分表明国家逐渐加强研究生思想政治工作。10 月 6 ~ 11 日，国家教育委员会直属综合大学研究生教育管理研究会会议召开，其议题是：研究生管理部门如何做好研究生的思想政治工作，采取哪些有效措施以确保研究生的质量要求，并深入探讨综合大学研究生教育面临的挑战及对策。从而，各类高校思想政治工作已全面展开。10 月 11 日，国家教育委员会、国家计划委员会（1952 年 11 月 16 日成立，2003 年 3 月改组为国家发展和改革委员会）、人事部联合发出通知，对 1991 年研究生招生计划编制的原则、编制办法、各类生源比例及培养经费等事宜，做了明确规定。10 月 20 日，国家教育委员会高等教育司通知有关高校，为了加强文科重点学科点和博士点的图书资料建设，促进高校文科高层次人才的培养和科学研究，国家教育委员会拟在部分高校建设若干文科图书资料中心。丰富的图书资料同样是研究生研究创新性学习的重要保障。

1991 年 12 月 17～18 日，国务院学位委员会组织召开第十次会议审议通过《学位工作和研究生教育"八五"计划和十年规划》，认为研究生的培养工作，关键是坚持把德育放在首位，培养"又红又专"的合格人才，更好地适应社会主义建设的需要。德育教育已经放在了研究生教育的首要位置。并且硕士研究生、博士研究生的培养，都有一个面向经济建设主战场，面向实际工作部门的问题，要加强与工业部门的联系，多做调查研究。会议还认为，开展在职人员申请学位工作很有必要，但应严格控制数量，确保授予质量，不能让其冲击正常的研究生教育，对已出现的忽视质量的苗头，必须高度重视。这充分显示无论采用什么样的研究生教育模式，教育质量是永远不能忽视的。

1992 年 5 月，农业部颁发生物物理学等专业硕士学位研究生培养方案和博士学位研究生培养基本要求。这是农业部为加强农科研究生培养工作，提高研究生培养质量，在 1990 年、1991 年先后召开五次培养方案审订会后讨论重新修订的研究生培养工作指导性文件。8 月，国家教育委员会研究生工作办公室汇总了 31 所成立研究生院的高校开展研究生兼任助研、助教、助管工作情况。这为其他高校开展研究生兼任助研、助教、助管工作提供了宝贵经验。10 月 15～19 日，医学教育学会研究生教育学组召开关于"进一步深化改革学位与研究生教育"的第二届学术会议。与会代表对如何立足国内培养博士生，如何面向国民经济建设第一线、培养应用型人才以及如何加强研究生思想政治工作进行了较为深入的研讨，并对面临的问题提出建议和意见。研究生的培养开始逐步与当时的宏观经济环境相关联。

1993 年 3 月 9～13 日，国务院学位委员会办公室、国家教育委员会研究生工作办公室联合组织召开了理科研究生教育改革研讨会。会议主要研究探讨了理科研究生教育提高培养质量，开展硕 – 博连读，加强基础，重视应用，主动适应经济建设、社会发展和科技进步需要等问题。

1994 年 9 月 26 日，国家教育委员会、财政部联合颁布《普通高等学校研究生奖学金办法》，要求除根据当地社会物价和生活水平的变化而对研究生奖学金制度进行修订外，还要求各高校坚持改善与改革相结合的原则，积极推进研究生兼任"三助"（助研、助教、助管）的改革，妥善解决研究生的生活待遇问题。国家采取的人民助学金制度、研究生兼任"三助"工作补贴和奖学金办法，是在不断提升研究生的待遇水平，使得研究生能够把全部精力投入科学研究和应用实践中。

1996 年 6 ~ 11 月，为全面贯彻落实全国研究生教育工作座谈会和《关于进一步改进和加强研究生工作的若干意见》精神，国家教育委员会研究生工作办公室开展较大规模的研究生培养质量调查工作。这项工作持续时间较长，调查范围较大，调查方式多样，调查内容详细。其调查的主要内容包括：有关培养博士研究生的主要环节的基本情况；在改革开放和市场经济条件下研究生的思想政治工作及其效果情况；研究生教育管理工作及其运行机制情况等。调查方式除进行实地考察外，还向有关高校和科研院所发出《研究生教育调查提纲》和三类人员（教师、学生、管理干部）问卷。11 月，我国首张《中国博士学位论文摘要》光盘管理系统研制完成，将向国内外公开出版发行。这充分说明我国的学位论文数据库建设已经初步完成，为以后此项工作的开展奠定了坚实的基础。

1997 年 6 月 21 日，国家教育委员会研究生工作办公室下发《关于理学研究生培养工作改革和制订各专业培养方案征求意见的通知》。改革的主要内容涉及理学研究生培养的各个环节，主要包括生源选拔、课程设置、各种能力培养、导师队伍建设、学位论文工作、德育工作等，并明确了培养工作改革中的各种配套措施。理学各专业研究生培养方案的制订明确了制订方案的原则，即要充分体现培养目标，全面明确培养方法，针对不同的研究生因材施教等；同时还清晰地规定了培养方案中研究生的学习时间、资格考试、指导方式、课程学习、学位论文工作等具体问题。

1998 年 1 月 7 日，国务院学位委员会办公室下发关于"研究生课程系列教材建设"的通知，要求组织部分研究生培养单位开展"攻读硕士学位课程系列教材"的编写、审定、出版和推荐使用的试点工作。该系列教材是根据1997年颁布的《学科、专业目录》进行遴选和审定的，目的是经过若干年的建设，为了适应不同学科专业培养方式的要求，在各个一级学科中形成较为完备的攻读硕士学位课程系列教材。这是全面进行硕士研究生课程教材建设的开始。7月16日，国务院学位委员会办公室发出《关于征求对〈中华人民共和国学位法〉（征求意见稿）意见的函》，向国务院有关部委、省、自治区、直辖市学位与研究生教育主管部门、中共中央党校、中国科学院、中国社会科学院、中国人民解放军学位委员会，以及有关高校和科研院所征求对《中华人民共和国学位法》（征求意见稿）的意见。

1999年8月4日，教育部（1998年3月10日，新一届国务院机构改革方案经第九届全国人民代表大会第一次会议审议通过国家教育委员会更名为教育部）研究生工作办公室发出通知遴选100部左右优秀教材在全国范围内推荐使用。并要求《学科、专业目录》（1997年版）所列88个一级学科范围内申报立项的教材，必须由该一级学科中具有较高学术声望和丰富教学经验的学者主持编写。这是研究生课程教材建设实施的实质性操作过程，并使优秀教材在全国研究生培养过程中得到使用。

2004年4月22～24日，国务院学位委员会办公室组织召开学位与研究生教育信息管理工作研讨会，会议指出加强研究生教育信息管理工作是全面提升我国学位与研究生教育工作的现代化、规范化、科学化管理水平，保障与提高学位与研究生教育质量的必要方法和手段。10月8日，国务院学位委员会办公室委托中国科技信息研究所（https：//www. istic. ac. cn/）、国家图书馆（http：//www. nlc. cn/）、中国科学院图书馆（现为中科院文献情报中心，http：//www. las. cas. cn/）、中国社会科学院图书馆（http：//www. lib. cass. org. cn/）等单位共同开展博士和硕士学位论文资源状况及管理与服务状况调查工作。这是继1996年11月研制的我国首张《中国博士学位论文摘要》光盘管理系统之后，又一学位论文数据库建设成果。

2005年1月21日，教育部下发《关于实施研究生教育创新计划加强研究生创新能力培养进一步提高培养质量的若干意见》。通过实施这些措施，努力提高我国研究生培养质量和研究生教育的整体水平，尤其是研究生创新能力，为实施科教兴国战略和人才强国战略奠定坚实的人才基础。

2006 年 9 月 5 日，教育部学位管理与研究生教育司委托中国学位与研究生教育学会对我国研究生教育质量现状开展调查与研究工作。10 月 27 日，教育部下发通知要求必须制订国家重点学科建设与发展规划，要不断整合资源，规范管理，进一步完善检查考核制度和确定方法。同日，教育部制订并印发了《国家重点学科建设与管理暂行办法》。

2007 年 8 月 24 日，国务院学位委员会组织召开第二十四次会议，会议主要围绕全面提高研究生培养质量的专题进行，要认真全面分析总结研究生教育质量影响因素，全力找到解决当前问题的方法，并提出对策建议。由此可以看出国家已经将提高研究生培养质量作为当前和今后研究生教育工作的中心任务。

2012 年 2 月 28 日，国务院学位委员会组织召开第二十九次会议。会议讨论了《关于深入推进研究生培养机制改革，进一步提高研究生教育质量的意见（讨论稿）》等内容。会议要求学位与研究生教育要走以质量为核心的内涵式发展道路，通过不断深化研究生培养机制改革，创新培养模式，优化培养规模、区域布局和学科结构以及扩大和深化国际合作等方式，全面大幅提升研究生教育质量水平。

2019 年 2 月 26 日，教育部办公厅下发通知充分肯定了我国当前研究生培养工作取得的成绩，尤其是在研究生教育质量保证体系方面，同时也指出了许多问题。通知要求必须采取有力措施来进一步规范和加强研究生培养管理。同日，教育部办公厅印发通知，针对研究生考试招生在制度体系不断完善的基础上，仍然存在个别招生单位和人员违规违纪、政策规定不落实、制度机制不健全、组织管理不到位等问题，对研究生考试招生工作提出了具体要求。

2020 年 7 月 29 ~ 30 日，国务院学位委员会组织召开第三十六次会议，系统部署 2020 年学位与研究生教育工作，审议审批有关学位事宜，加快研究生教育内涵式高质量发展。

2021 年 5 月 6 日，教育部学位管理与研究生教育司下发了《关于开展"研究生培养质量反馈调查"的通知》。此次调查依托"中国博士教育研究中心"（https：//cderc. zkey. cc/）平台以网络问卷形式开展。问卷内容包括个人信息、就读体验、学术收获、就业情况等四个部分，用于全面了解我国研究生培养质量。5 月 28 日，教育部发布通知确定北京大学"经济改革与发展专题"等 99 门课程为研究生教育课程思政示范课程、相应 99 门课程教学团队为课程思政教学名师和团队。9 月 26 日，国家教材委员会发布《关于首届全国教材建设奖奖励的决定》，共评选出 48 本研究生优秀教材。

总之，研究生教育是国家选拔培养高层次专门人才的重要途径。研究生考试招生工作是研究生教育的入口，关系广大考生切身利益和教育公平，是研究生教育质量的基础。研究生培养关系研究生各种能力、关系研究生教育管理水平，是研究生教育质量的核心。研究生毕业是研究生教育的出口，关系研究生的就业情况、关系高校和科研院所的社会声誉、关系国家经济社会发展，是研究生教育质量的关键。

2.1.2 研究生培养法律制度和组织建设——质量保证依据

1977 年 10 月 20 日，新华社、《人民日报》发布了"中国科学技术大学研究生院在北京成立并开始招收研究生"的消息。1978 年 3 月，中国科学技术大学研究生院（2000 年更名为中国科学院研究生院）迎来 1977 级研究生，成为经国务院批准创办的我国第一个研究生院，开创了研究生院组织管理研究生教育的先河，也标志着中断 12 年的研究生教育制度在全国范围内正式恢复。

1978 年 7 月 22 日 ~ 8 月 3 日，教育部召开研究生培养工作会议，会议修订了 1963 年批准的《高等学校培养研究生工作暂行条例（草案）》。这标志着新中国的研究生教育制度，特别是研究生培养制度已经在"文革"后全面恢复建立起来。

1980 年 2 月 12 日，第五届全国人民代表大会常务委员会公布的《中华人民共和国学位条例》（1981 年 1 月 1 日起施行），对研究生学位的授予条件给予了法律规定。12 月 1 日，根据《中华人民共和国学位条例》第七条规定，国务院设立学位委员会，负责领导全国学位授予工作。经国务院批准，成立国务院学位委员会办公室［现为学位管理与研究生教育司（国务院学位委员会办公室）］。12 月 15 ~ 18 日，国务院学位委员会组织召开第一次会议，审议通过《中华人民共和国学位条例暂行实施办法》，对相关的学位获得和授予的要求以及学位评定委员会的组成进行详细的规定；审议通过《国务院学位委员会关于审定学位授予单位的原则和方法》，对研究生学位授予单位审定的具体原则和办法进行了详细规定；并决定设立国务院学位委员会学科评议组，具体负责全国学位授予单位的审核工作。

1981 年 6 月 12 日，国务院学位委员会组织召开第二次会议，讨论研究有关学科评议组的相关问题。会议指出，学科评议组是国务院学位委员会领导下的学术性工作组织。学科评议组分为哲学等 10 个门类 48 个分组。本次会议还原则通过其《试行组织章程》。10 月 8 日，国务院学位委员会组织召开第三次会议。会议通过了由学科评议组评议和审核的我国首批博士和硕士学位授予单位及其学科、专业名单；会议还通过了《国务院学位委员会学科评议组试行组织章程》，该章程规定了学科评议组的组织性质、主要任务、成员构成结构与要求以及会议活动形式等。11 月 24 日，国务院学位委员会发出通知要求各个学位授予单位尽快建立学位评定委员会，以保证在思想上和组织上加强对本单位学位授予工作的组织和管理。

1982 年 8 月 16 日，国务院正式批准设立教育部设研究生司，负责全国研究生教育的管理工作。11 月 26 日 ~ 12 月 10 日第五届全国人民代表大会第五次会议，通过"第六个五年计划"指出要试办研究生院。

1984 年 2 月 8 日，经国务院学位委员会同意增设军事学学位，并同意在国务院学位委员会学科评议组中增设军事学评议分组。6 月 19 ~ 20 日，经国务院批准，在北京大学等 22 所高校试办研究生院，也是首批研究生院建设高校。研究生院是高校中承担研究生培养任务并组织实施研究生教育工作的管理机构。8 月 8 日，教育部发出通知，在 22 所全国重点高等院校试办研究生院，并发出《关于在部分全国重点高等院校试办研究生院》的几点意见，还就重点高校试办研究生院的条件进行了规定，主要包括学科、专业数量，科学研究水平，指导教师数量和质量，研究生管理制度以及实验和图书资料等。

1985 年 2 月 6 日，国务院学位委员会组织召开第六次会议，将学科评议分组由第一届的 48 个增加到 53 个，分为哲学等 11 个门类。

1986 年 3 月 8 日，国务院发布《高等教育管理职责暂行规定》。该规定对研究生院的设置管理、研究生招生及培养、增补博士生导师等工作做了详细规范。4 月，经国务院批准中山大学等 10 所高校试办研究生院。

1987 年 5 月中旬，为了促进高校学位和研究生管理工作现代化，推动计算机使用和管理的普及和提高，由清华大学等 35 个成员单位成立研究生教育与学位工作计算机管理研究协作组。协作组制定了《研究生数据库信息标准》，并开展校际工作交流。9 月，制定《计算机管理数据库信息标准（试行）》，为全国研究生教育和学位工作信息资源的共享创造有利条件。

1988 年 10 月 17～18 日，国务院学位委员会组织召开第八次会议，会议通过《国务院学位委员会议事规则》，其规定了国务院学位委员会的工作任务、议事原则、会议频率、议程规则等内容。

1989 年 4 月 1 日，根据国家教育委员会机构调整的要求，撤销原研究生司，研究生教育的行政管理工作归新成立的高等教育司。8 月 7 日，国家教育委员会批准设立学位办公室，主要担负教育委员会系统有关学位的工作任务，其机构不再另设，与国务院学位委员会办公室联合办公。

1990 年 2 月 16～19 日，国家教育委员会高等教育司组织召开了研究生学籍管理工作座谈会，会议讨论和修改了《研究生学籍管理暂行规定》草案。该规定是为了维护正常的教学秩序，加强和完善研究生的学籍管理，保证研究生的培养质量而制定的。其对研究生的入学与注册、纪律与考勤、休学与复学、转学与转专业、退学、奖励与处分和毕业与就业等内容进行了详细规定。6 月 25～30 日，国务院学位委员会学科评议组召开第四次会议。会议审议了 1990 年版《学科、专业目录》。7 月 31 日，国务院学位委员会办公室与人事部地方机构编制司面商建立地方学位委员会相关事宜。面商后对地方学位委员会的性质、工作职责、审批办法等问题取得基本一致的意见，为我国学位工作逐步建立起国家、地方和部委以及高校三级管理体制奠定了基础。10 月 5～6 日，国务院学位委员会组织召开第九次会议，通过了 1990 年版《学科、专业目录》和《学科评议组组织章程》（修订）。11 月 5 日，国务院学位委员会发布 1990 年版《学科、专业目录》。其中授予学位的学科门类为 11 个；一级学科 72 个，二级学科（学科、专业）654 种。同时，各高校和科研机构也必须按照此学科、专业目录中各专业所归属的学科门类，授予相对应的学位，并参照此学科、专业目录拟订研究生培养规划和方案进行招生和培养工作。

1991 年 2 月 1 日，根据国家教育委员会党组的决定，正式成立国家教育委员会研究生工作办公室，与学位办公室合署办公。研究生工作办公室的主要职能是负责全国研究生教育工作的规划、管理、指导和检查等，并协调各研究生主管部门之间的关系。3 月 23 日，国务院学位委员会发出通知，同意江苏省和陕西省建立学位委员会。这是最早批准建立的地方学位委员会，标志着我国学位工作管理出现了新的管理层次，它将对加强地方一级的学位管理工作产生积极作用，也将为建立其他地方学位委员会起到示范作用，更是我国学位管理工作的一大进步。11 月 20 日，国务院学位委员会办公室开始组织力量编写 1990 年版《学科、专业简介》。它将作为有关管理部门和各高校和科研机构制订研究生招生计划、专业培养方案、学位授予的基本依据，是之后审核博士、硕士学位授权学科、专业点的主要依据，是一部学位与研究生教育工作的重要资料。

1992 年 4 月 7～9 日，全国研究生教育和学位工作计算机管理研究协作组召开第二次领导小组会议，会议讨论通过了《全国学位和研究生教育管理信息系统建设规划纲要》。4 月 22～25 日，地方医学院校组织召开了首届全国地方医学院校研究生教育协作组会议。会议研究了地方医学院校在培养研究生工作中存在的共性问题，并通过了《全国地方医学院校研究生教育协作组章程》。7 月 8 日，为贯彻落实国家教育委员会和国务院学位委员会关于深化研究生教育和学位工作改革的精神，使工科研究生教育与工业现代化紧密结合，国家教育委员会研究生工作办公室组织成立了工科研究生教育改革研究小组。这个小组由专家（学者）、管理人员、厂矿企业领导等三部分人组成，将重点研究工科研究生教育改革若干重大问题，并逐步开展以人才培养、科技合作为纽带的"产、学、研"联合体的试点工作。

1993 年 8 月 7 日，国务院学位委员会同意广东省建立学位委员会。8 月 11～16 日和 12 月 23～25 日，国家教育委员会研究生工作办公室分别召开

"研究生院建设和设置"研讨小组第一次会议和第二次会议。会议研讨研究生院建设与设置的有关问题和文稿。

1994 年 7 月 26 日，中国学位与研究生教育学会成立，是经民政部批准成立的一级学会，是由依法从事学位与研究生教育工作的企事业单位、社会组织和个人组成的全国性、学术性、非营利性的社会组织。主要开展学位与研究生教育理论和实际问题的研究，并开展学术交流、调查研究、咨询培训等活动。7 月 29 日，高等学校与科研院所学位与研究生教育评估所成立，该机构的成立标志着由政府承担的评估工作职能向民间事业性机构的转变，是实现机关工作职能转变的重要步骤。它的主要任务是接受国务院学位委员会和国家教育委员会的委托，开展对高校和科研机构博士、硕士学位授予单位的评估，各学科专业博士、硕士点及其研究生教育和学位授予质量的评估，面向社会开展学位与研究生教育相关的咨询服务，开展学位与研究生教育相关的国际交流合作，以及接受社会各界委托的有关评估工作。① 12 月 14～15日，国务院学位委员会办公室组织召开了"省级学位委员会工作座谈会"，与会人员主要讨论了国务院学位委员会授权省级学位委员会开展硕士学位授权学科、专业审核工作的方案，并总结和交流了各省级学位委员会自成立以来开展的主要工作，为今后各省级学位委员会开展工作提供了经验借鉴。

1995 年 5 月 30 日，国务院学位委员会批准同意北京市、辽宁省、吉林省、黑龙江省、山东省等 9 省市建立省级学位委员会。6 月 21～22 日，国务院学位委员会办公室组织召开省级学位委员会工作座谈会，研究贯彻《关于加强省级学位委员会建设的几点意见》，总结交流了各省级学位委员会的工作经验，部署了 1995 年省级学位委员会审核新增硕士点的试点工作。10 月20 日，国家教育委员会发布《研究生院设置暂行规定》（以下简称《规定》）。该《规定》就研究生院的性质、职责及建院条件与管理、审批、组织建设、设置过程和纪律处分等问题做了明确的要求。《规定》分别从本科和研究生教育教学水平、师资队伍结构与学术水平、学科专业建设水平、科研

---

① 高等学校与科研院所学位与研究生教育评估所在京成立 [J]. 学位与研究生教育，1994(5): 6.

水平、研究生教育管理制度等方面对设置研究生院的标准做了要求。《规定》的颁布标志着我国研究生院的设置、建设与管理走上了规范化、法制化和正规化道路。

1996 年 1 月 25 日，国家教育委员会根据研究生院评估结果和各相关高校提出的正式建立研究生院的申请报告，批准清华大学等 11 所高校正式建立研究生院。3 月 28 日，同样批准天津大学等 22 所高校正式建立研究生院。4 月 27 日，山东省人民政府组织召开山东省学位委员会成立大会，山东省学位委员会正式成立。

1997 年 3 月 5 日，国家教育委员会、国务院学位委员会联合下发文件对 16 个（江苏省、陕西省、广东省、上海市、四川省、湖北省、北京市、辽宁省、吉林省、黑龙江省、山东省、湖南省、浙江省、天津市、福建省和安徽省）已建立省级学位委员会和未建立省级学位委员会而能自行建立省级学位委员会或其他形式的学位与研究生教育管理机构的职责和授权分别进行了详细规定。6 月 6 日，国务院学位委员会、国家教育委员会颁布了新修订的 1997 年版《学科、专业目录》。10 月 24 日，国务院学位委员会办公室下发通知要求各学位授予单位于 1998 年 9 月 1 日起按 1997 年版《学科、专业目录》规定的学科所属门类授予博士和硕士学位。

1998 年 1 月 14 日，国务院学位委员会批复同意中国人民解放军学位委员会及北京市学位委员会等 16 个地方学位委员会在授权的学科范围内审批硕士点。5 月 20～23 日，国务院学位委员会学科评议组召开第七次会议，会议主要内容审定 1997 年版《学科、专业简介》，学科专业简介对 1997 年版学科专业目录中的学科、专业内容进行了简明扼要的阐述，对各学科的业务范围进行了相对明确的界定和规范。11 月 20 日，国务院学位委员会、教育部发布通知，决定建立学位与研究生教育发展中心。

1999 年 8 月 11 日，国务院学位委员会、教育部联合下发通知要求，今后博士、硕士学位授权审核将根据地方或有自审权的学位授予单位制订的学科建设与发展规划的基础上进行。8 月 30 日，教育部、国务院学位委员会联合发出《学位论文评选办法》对优秀博士学位论文评选工作的组织领导、评选周期、评选原则、评选标准、评选范围、评选办法、异议期和学术不端惩罚措施等做出了规定。11 月 17 日，教育部批准成立研究生院院长联席会，并于 11 月 26 日正式成立。

2000 年 1 月 13 日，教育部下发通知，针对 1995 年全国研究生工作座谈会以来在研究生培养工作中还存在的难点问题和新问题，在研究生教育工作的基本方针、研究生教育培养制度和培养模式、导师队伍建设、研究生教育评估制度、研究生德育工作和研究生管理规范等方面做出了具体要求。2000 年 6 月，教育部批准同意北方交通大学（2003 年复名北京交通大学）等 22 所高校试办研究生院。

2002 年 5 月，教育部批准同意河海大学、哈尔滨工程大学等 2 所高校试办研究生院。

2003 年 8 月，教育部批准同意西北农林科技大学试办研究生院。2003 年 11 月 10 日，《中华人民共和国学位法》草案制订专家小组召开"关于讨论并进一步修订《学位法》草案"的会议。

2004 年 1 月 12 日，教育部正式设立学位管理与研究生教育司。其与国务院学位委员会办公室合署办公，主要负责拟订全国学位与研究生教育工作的改革与发展规划，指导与管理研究生培养、学科建设与管理等工作。4 月，中国研究生院院长联席会建议同意 2000 年开始试办的北方交通大学（2003 年复名北京交通大学）等 22 所高校正式创建研究生院。5 月，教育部批准这 22 所高校正式成立研究生院。

2005 年 7 月 20 日，国务院学位委员会决定成立中国医学学位体系及其标准研究专家委员会，用以研究我国医学学位体系及其标准、人才培养制度和模式、医学教育与医疗准入衔接关系等方面问题。

2007 年 6 月，教育部批准哈尔滨工程大学等 3 所高校正式建立研究生院。10 月 10 日，国务院学位委员会办公室发出通知，决定建立学位与研究生教育信息管理体系；同时，委托教育部学位与研究生教育发展中心建立并管理全国学位与研究生教育数据中心，承担研究生教育大数据建设等工作。

2009 年 2 月 25 日，国务院学位委员会、教育部印发了《学位授予和人才培养学科目录设置与管理办法》。6 月 8 日，国务院学位委员会、教育部下发通知，决定对 1997 年版《学科、专业目录》进行修订，并编写《一级学科、专业简介》。7 月 23 日和 10 月 26 日，国务院学位委员会办公室分别成立了学位授予和人才培养学科目录修订工作小组和专家咨询小组，用于组织和指导学位授予和人才培养学科目录修订工作。

2011 年 2 月 12 ~ 13 日，国务院学位委员会组织召开第二十八次会议，通过了从 2009 年开始修订的 2011 年版《学科、专业目录》，并于 3 月 8 日，由国务院学位委员会、教育部联合发布。4 月 25 日，国务院学位委员会办公室委托各学科评议组按照 2011 年版《学科、专业目录》编写《一级学科简介》和《博士、硕士学位基本要求》。6 月 17 日，根据《关于学位管理与研究生教育司（国务院学位委员会办公室）相关处室调整的通知》，将"文理医学科处"更名为"专业学位研究生教育处"，"工农学科处"更名为"学术学位研究生教育处"，用以分别指导和管理专业学位和学术学位研究生教育工作。

2012 年 3 月 22 日，国务院学位委员会办公室发文决定成立"建立健全学位与研究生教育质量保证与监督体系工作组"，用以全面总结学位与研究生教育质量保证与监督体系建设。8 月 26 日，国务院办公厅下发通知决定成立国务院教育督导委员会，统筹指导全国教育督导工作。国务院教育督导委员会办公室承担日常工作，设在教育部。10 月 1 日，国务院颁布《教育督导条例》，标志着我国教育督导走上法制化轨道，必将不断提高教育质量，继续促进教育公平，积极推动教育事业科学发展。

2013 年 7 月 10 ~ 11 日，全国研究生教育工作会议暨国务院学位委员会第三十次会议在京召开，此次会议审议了《关于加强学位与研究生教育质量保证和监督体系建设的意见（送审稿）》。9 月 1 日，国务院学位委员会、教育部发布《一级学科简介》[①] 和《博士、硕士学位基本要求》[②]。

2014 年 1 月 8 日，国务院学位委员会印发通知，决定在上海市、江苏省、安徽省和广东省开展博士、硕士学位授权学科和专业学位授权类别动态

---

① 国务院学位委员会第六届学科评议组. 学位授予和人才培养一级学科简介 [M]. 北京：高等教育出版社，2013.

② 国务院学位委员会第六届学科评议组. 一级学科博士、硕士学位基本要求 [M]. 北京：高等教育出版社，2014.

调整的试点工作。学位授权点动态调整能不断优化人才培养的学科和类别结构，推动学位与研究生教育走内涵式高质量发展道路，提高研究生教育质量和服务经济社会发展水平。1 月 29 日，国务院学位委员会、教育部联合下发了《关于加强学位与研究生教育质量保证和监督体系建设的意见》和《学位授予单位研究生教育质量保证体系建设基本规范》，从此各学位授予单位构建学位与研究生教育质量保证体系和监督体系有了规范化、正规化依据。3 月 17 日，国务院学位委员会办公室下发《关于做好全国学位与研究生教育质量信息平台试运行工作的通知》，要求各高校将研究生教育概况、改革实施方案、教育管理制度、培养方案、教育质量年度报告、奖助政策等信息上传至"全国学位与研究生教育质量信息平台"（https：//zlxxpt. chinadegrees. cn/），并做好"院校频道"的建设和维护工作。12 月 5 日，教育部下发了《关于改进和加强研究生课程建设的意见》；用于促进学生、教师的良性互动，发挥研究生课程"教与学"在研究生培养中的重要作用，不断提高研究生培养质量；同日，教育部下发了《关于做好研究生担任助研、助教、助管和学生辅导员工作的意见》，要求各高校及科研机构重视发挥"三助一辅"的培养功能。

2015 年 3 月 15 日，国务院学位委员会办公室面向各学位授予单位全面推行"全国学位与研究生教育质量信息平台"，此平台开始正式运行使用。6 月 26 日，国务院学位委员会、教育部印发了《学位证书和学位授予信息管理办法》，用于规定学位证书的印制问题。11 月 10 日，国务院学位委员会下发通知决定自 2016 年起，将博士、硕士学位授权学科和专业学位授权类别动态调整工作的实施范围扩大到全国。

2016 年 4 月 20 日，为贯彻落实《教育部关于改进和加强研究生课程建设的意见》，教育部学位管理与研究生教育司发出通知，要求在做好 2014 年、2015 年试点项目总结工作基础上，继续做好 2016 年试点项目工作，提升研究生课程教学质量。5 月 10 日，教育部学位管理与研究生教育司委托有关学科评议组开展研究生课程建设情况的调研工作。

2017 年 1 月 23 日，国务院学位委员会组织召开第三十三次会议，审议通过了《博士硕士学位授权审核办法》《学位授权审核申请基本条件》《2017

年博士硕士学位授权审核工作方案》等事宜。3 月 13 日，国务院学位委员会印发了《博士硕士学位授权审核办法》，该办法用以保证学位授予质量、支撑研究生教育发展、激发培养单位活力并对学位授权审核工作进行了具体规定。6 月 8～10 日，教育部学位管理与研究生教育司召开研究生课程建设试点工作调研会。会议强调研究生课程建设的责任、管理和创新，要求通过此项工作"聚焦课程建设，提升培养质量"。

2018 年 1 月 17 日，教育部印发《关于全面落实研究生导师立德树人职责的意见》。5 月 4 日，国务院学位委员会办公室组织编写《研究生核心课程指南》。5 月 7 日，国务院学位委员会、教育部联合印发通知，就国务院学位委员会学科评议组和专业学位研究生教育指导委员会在学科和专业学位指导方面所起的作用提出了 18 条意见。

2020 年 9 月 24 日，教育部印发了《关于加强博士生导师岗位管理的若干意见》，用以建设一流博士生导师队伍，不断提高博士生培养质量。9 月 25 日，国务院学位委员会、教育部联合印发了《关于进一步严格规范学位与研究生教育质量管理的若干意见》，要求进一步强化研究生教育质量。9 月，国务院学位委员会办公室组织编写的《学术学位研究生核心课程指南（试行）》[①] 和《专业学位研究生核心课程指南（试行）》[②] 公开出版发行。10 月 30 日，教育部印发了《研究生导师指导行为准则》，该准则对加强研究生导师队伍建设，规范指导行为起到了指导性作用。

2021 年 1 月 28 日，国务院学位委员会办公室发布通知成立由战略专家牵头的 7 个专家论证组，分别承担交叉学科门类、理学门类、工学门类、农学门类、医学门类、社会科学门类和人文学科门类等 7 个学科门类、一级学科和专业学位类别的设置及调整工作。同日，成立了由国务院学位委员会办公室和中国学位与研究生教育学会组成的工作组，负责统筹协调和沟通联络等工作。3 月 15 日，教育部发布关于《中华人民共和国学位法草案（征求意

---

① 国务院学位委员会第七届学科评议组．学术学位研究生核心课程指南（一）—（五）试行［M］．北京：高等教育出版社，2020.

② 全国专业学位研究生教育指导委员会．专业学位研究生核心课程指南（一）—（二）试行［M］．北京：高等教育出版社，2020.

见稿)》公开征求意见的公告，面向社会公开征求意见，用以完善我国学位法律制度，不断提升学位工作质量。5 月 28 日，教育部办公厅下发通知要求对各高校进行异地培养研究生工作进行进一步规范。12 月 29 日，教育部、国务院学位委员会发布《关于进一步规范高等学校异地研究生培养的意见》，对于进一步规范异地研究生培养管理进行了明确规定。

总之，学位与研究生教育相关的组织建设，为研究生培养质量提供了各种保障。学位与研究生教育相关的法规制度建设，为研究生培养质量提供了各种依据。

2.1.3　研究生培养质量评估：促进与提升

1981 年 7 月 26 日 ~ 8 月 2 日，国务院学位委员会组织召开学科评议组第一次会议，审定我国首批博士和硕士学位授予单位名单。这是学科评议组第一次履行的工作职责和任务，评议和审核了首批博士和硕士学位授予单位名单，并提交国务院学位委员会审批通过。

1982 年 5 ~ 7 月，国务院学位委员会在多地组织召开首批硕士学位授予工作座谈会。会议对首批硕士学位质量进行了分析，对授予工作经验进行交流，并对今后开展相关工作提出了建议。

1983 年 3 月 15 日，国务院学位委员会组织召开第四次会议确定了做好各级学位授予工作是 1983 年的工作重点之一，并组织学科评议组对所授学位质量进行检查评估，还就检查评估中发现的问题提出改进意见。9 月 18 ~ 24 日，国务院学位委员会学科评议组举行第二次会议，审定第二批博士和硕士学位授予单位及其学科、专业名单。12 月 5 日，国务院学位委员会召开第五次会议确定了检查评估学位授予质量仍是 1984 年的工作重点之一，足见国家特别重视研究生培养质量。这应该是国家对研究生教育质量最初期的评估，也将检查评估当作促进提高研究生培养质量的必要手段。

1985 年 5 ~ 6 月，国务院学位委员会组织政治经济学等 5 个相关学科评议组，对五个学科专业进行硕士学位授予工作和培养质量的检查，这是真正意义上的学科评估的开始。

1986 年 1 月，国家教育委员会及有关部委对第三批学位授予单位进行了初审，初审工作的完成为复审工作打下了坚实的基础。4 月 15 日，国务院学位委员会颁布《授权部分学位授予单位审批硕士学位授权学科、专业的试行办法》，自行审批硕士学位授予权制度是学位授权审核工作的一项重大改革举措。5 月 26 日～6 月 2 日，国务院学位委员会组织召开第三次学科评议组会议，审定第三批博士、硕士学位授予单位名单。7 月 28 日，国务院学位委员会组织召开第七次会议，审议通过了第三批博士、硕士学位授予单位并总结前三批学位授权审核工作经验。会议还研究并提出第四批学位授予单位审核工作意见，要求从 1986 年下半年起，在 1985 年 5～6 月进行的学位授予质量检查和评估的基础上，继续组织五个学科、专业的学科评议组，进行学位授予质量检查和评估的试点工作。9 月 16～19 日，国务院学位委员会办公室组织召开研究生培养和学位授予质量评估研讨会，这是第一次召开的关于研究生培养和学位授予质量评估的会议，标志着研究生培养质量评价的开端。

1987 年 3 月，农牧渔业部组织专家对农科"作物遗传育种"专业的多个硕士点的硕士研究生培养和学位授予质量进行了检查和评估。下半年又对"农业经济及管理""动物营养学"两个专业的硕士学位研究生培养和学位授予质量进行了检查和评估。4～12 月，国务院学位委员会组织相关学科评议组对金属物理等 6 个专业进行了检查和评估。4～5 月，国务院学位委员会组织相关学科评议组对财政学、货币银行学、国际金融 3 个学科、专业进行检查和评估。各个学科评议组对上述学科、专业硕士点研究生培养和学位授予质量分别进行了定性和定量的评价。这是首次在研究生培养和学位授予质量评价中使用定量评价。10～11 月，卫生部组织有关专家对生理学、病理解剖学、微生物学与免疫学三个学科、专业的研究生培养和学位授予质量进行了检查和评估。

1988 年 10 月 17～18 日，国务院学位委员会组织召开第八次会议，拟定第四批学位授权审核的原则和办法，并组织做好第四批博士、硕士学位授予单位审核工作；在学位授予单位进行自检的基础上，推动研究生培养和学位授予质量的检查和评估工作，不断研究总结质量检查和评估的方法，并制定研究生培养和授予学位质量检查的相关制度。在这次会议中，首次提出了学位授予单位自检的概念，为后续的研究生培养和学位授予质量检查和评估工作提供了方法。11月，国务院学位委员会办公室组织相关学科评议组对辩证唯物主义与历史唯物主义、马克思主义哲学史两个学科、专业进行了检查和评估。专家组是在实地考察的基础上，对两个专业进行了定性、定量的评价。

1989年1月14～20日，国务院学位委员会办公室组织召开辩证唯物主义与历史唯物主义、马克思主义哲学史硕士、博士学位授予质量检查专家小组会议。会议在专家小组于1988年11月对上述两个硕士点、博士点实地考察的基础上，充分肯定了这两个学科、专业研究生培养和学位授予工作的成绩，总结了工作经验，分析了当前存在的主要问题并提出了改进建议。3月1日，国务院学位委员会发出通知，明确提出了审核从严、按需授权的特点，并明确指出博士、硕士学位授予单位要稳定一个时期，第四批申报工作从严控制申报量，一般不再新增。3月20日，国务院学位委员会办公室部署第四批学位授予单位审核工作会议。3月25日，国务院学位委员会办公室发出通知要求各申报单位直接报送申报数据软盘，并依托全国学位和研究生工作计算机管理研究协作组实施此项工作。采用计算机数据软盘报送申报材料在学位授权审核工作中首次尝试。这大大减轻了申报统计的工作量，加快了工作进度，提高了工作效率，增强了数据的准确性和可靠性，有效地保证了学位申报工作的顺利进行，标志着学位管理工作向现代化管理的新阶段迈进了一步。4～11月，各主管部委组织了本系统的第四批硕士学位授权学科、专业的初审工作及个别新增学位授予单位的论证工作。国家教育委员会学位办公室承担了教育委员会系统和地方院校的硕士学位授权学科、专业的初审。截至11月，第四批硕士学位授权的初审工作全部完成。8月26日，国务院学位委员会办公室下发通知总结了医学研究生教育和学位授予工作取得的成绩和经验，并强调继续加快改革步伐，不断促进其深入发展。10月23～29日，国务院学位委员会组织召开化学、机械工程、作物栽培与遗传育种和临床医学等4个一级学科的第四批博士点、博士生指导教师通讯评议试点工作会议。会议分成10个专家小组进行模拟通讯评议，贯彻了"从严评审、走小步"的原则，采取了行政宏观控制与专家评审相结合的办法。这也开创了通讯评议的先河，为今后其他学科的评议工作提供了宝贵经验。11月30日，国务院学位委员会发出通知，在 10 月份进行通讯评议试点的基础上，第四批理、工、农、医博士点和博士生指导教师的通讯评议工作全面展开。通知还要求上述工作要在 1990 年 1 月底前完成。

1990 年 2 月 14 ~ 20 日，经济、中文、历史三个学科专业的第四批博士学位授权初审会议召开。会议本着以马克思主义为指导、坚持社会主义方向的原则进行了严肃认真的审核。6 月 25 ~ 30 日，国务院学位委员会学科评议组召开第四次会议。会议审定了第四批学位授权点，博士生指导教师和新增学位授予单位名单。10 月 5 ~ 6 日，国务院学位委员会组织召开第九次会议，审批学科评议组第四次会议上通过的第四批博士、硕士学位授予单位及学科、专业名单。至此，第四批博士、硕士学位授权学科、专业的审核工作基本结束。11 月 7 ~ 14 日，学位授予质量评估理论研讨会在天津大学举行。这是 1985 年 5 月开展学位授予质量评估活动五年来召开的首次理论研讨会议。会议全面介绍了评估基础理论，广泛交流了几年来开展评估工作的经验，并就今后评估活动的开展进行了深入研究。

1991 年 1 月 10 ~ 18 日，国务院学位委员会办公室组织相关人员在上海财经大学举办了第二期学位与研究生教育质量评估理论与研究研讨班。聘请有关专家讲授了评估基础理论和基本技术，并就文、理、财经类学科、专业学位与研究生教育质量评估的有关问题进行了研讨。1 月 26 日，国务院学位委员会办公室发出通知，决定自 1990 年起，各学位授予单位均使用"全国学位授予信息数据库"报盘软件报送博士、硕士和学士学位的授予情况。这是实现利用计算机对学位工作进行科学管理和信息化的一项重要措施。4 月 2 ~ 7 日，国务院学位委员会办公室组织召开了工科博士、硕士学位与研究生教育质量评估专题研讨会。会议拟订了学位与研究生教育质量检查评估的指标体系，确定了 1991 年对若干学科进行检查评估的试点办法。这是首次在学位与研究生教育质量评估中设定指标体系。4 ~ 8 月，国务院学位委员会办公室组织相关学科评议组对科学社会主义、国际共产主义运动、民族民主运动三个学科、专业的学位和研究生教育质量进行检查评估工作。4 月 17 日召开了参加评估工作的专家会议，研究部署了对科学社会主义、国际共产主义运动、民族民主运动这三个学科、专业实施检查评估工作的具体步骤。在各受检单位先进行自检的基础上，国务院学位委员会办公室组织相关学科评议组对这三个专业的学位与研究生教育质量进行了实地考察。4月，国务院学位委员会办公室会同农业部教育司，汇总、审阅、分析了全国农业院校的农学门类硕士学位授予和研究生培养质量检查工作的自检报告，并研究落实了组织专家组进行实地考察工作的有关事项。另外，还会同国家中医药管理局研究拟订了中医学学位与研究生教育质量检查指标体系，并广泛征求了有关单位和专家的意见。7月29日~8月8日，国务院学位委员会办公室组织召开上述三个学科、专业的研究生教育和学位质量检查评估工作总结会议。会议对检查评估的硕士点、博士点进行了定性评价，在全面了解和掌握了其基本状况（学位论文、参考性培养方案等）的基础上，提出了改进和加强研究生教育工作的意见和建议。10月30日，国务院学位委员会、国家教育委员会发出通知，具体部署了开展理工科学位和研究生教育评估工作的主要任务、学科、专业以及方法和步骤等。11月5日，国务院学位委员会办公室印发了《科学社会主义、国际共产主义运动、民族民主运动三个专业学位授权点及其研究生教育质量评估工作的总结报告》，对评估的结果进行了定性和定量评价，并总结了取得的成绩和基本经验，同时对存在的问题进行了分析，提出了改进意见和建议。这为以后其他学科、专业的学位授权点和研究生教育质量评估工作提供了借鉴。11月10日，国家教育委员会办公厅发出通知，要求有关学位授予单位认真自查总结，进一步推动文科研究生招生和培养改革，在研究生教育中切实树立起马克思主义的指导地位，以培养出合格的高层次文科人才。11月11日，国家教育委员会研究生工作办公室、国务院学位委员会办公室发布《关于改进和加强科学社会主义、国际共产主义运动两个专业研究生教育工作的意见》。这是对上述两个专业进行评估检查，认真总结经验教训的基础上制订的，将对这两个专业的研究生教育工作发挥指导作用。

1992年2月22日，经过国家中医药管理局和国务院学位委员会办公室共同组织，在中医院校的共同努力下，完成中医学科硕士研究生学位与研究生教育质量检查评估方案，并由中医药管理局正式下达文件，进行中医学科硕士学位与研究生教育的质量检查评估工作。3月29日~4月3日，林业部召开 1992 年研究生工作座谈会暨林科研究生教育协作组会议，会议重点讨论了林科硕士学位与研究生教育评估指标体系和实施方案以及如何改进和提高研究生教育各环节工作等问题。3 月 31 日，国家教育委员会研究生工作办公室发出通知，要求各重点学科点对三年来建设规划执行情况进行总结并提交全面检查报告。4 月 3 日，国务院学位委员会办公室邀请国务院 38 个有关部委教育司（局）负责人参加了学位与研究生教育质量检查评估工作协商会。会议研究讨论了委托各有关部委进行学位和研究生教育质量检查与评估工作的问题。6 月 6 日，林业部学位委员会发出通知要求全面部署林科硕士学位与研究生教育质量评估工作。6 月 24 日 ~7 月 17 日，根据国务院学位委员会关于研究生教育与学位授予质量检查评估工作的总体安排，卫生部组织硕士研究生质量检查小组对医学院校及科研单位的基础医学及公共卫生与预防医学有关硕士学科点进行抽查。7 月 15 日，国务院学位委员会办公室发出通知，决定截至 1992 年底在陆军指挥学院、军事教育学院进行新增硕士学位授予单位及其硕士学位授权学科、专业的审核工作。9 月 23 ~30 日，农业部召开研究生工作会议暨农科研究生教育协作组会议。会议重点研究、讨论了农科博士学位与研究生教育评估指标体系和实施方案，农科研究生教育如何更好地适应农业生产和农村经济发展需要等问题。11 月 11 日，农业部发出通知，全面部署农科博士学位与研究生教育评估工作。12 月 3 ~30 日，根据 6月 6 日发布的林科研究生教育和学位授予质量检查工作的部署，林业部组织有关专家组成三个评估小组，初步考察了植物学、造林学、木材学、木材加工与人造板工艺四个学科专业的硕士点，为下一步的实地考察评估工作提供了宝贵的实践经验。

1993 年 4 月 26 日，国务院学位委员会发出通知，全面部署第五批学位授权点的申报和审核工作。6 月，国务院学位委员会办公室组织有关学科评议组专家在各单位自检自评、主管部门评审、通讯评议和实地考察的基础上，对动力工程及工程热物理学科专业硕士点和博士点进行了集中评议和总结。9月 21 ~29 日，国务院学位委员会学科评议组召开第五次会议，认真审定了第五批新增学位授予单位和新增授权学科、专业点及博士生指导教师名单。12月 10 ~11 日，国务院学位委员会组织召开第十二次会议，会议指出，当前学位工作的改革要着重抓紧进行学位授权审议办法的改革，对于新增学位授予单位和博士点由国务院学位委员会组织审核和批准；硕士点的审核工作要区分不同的情况：给予省级学位与研究生教育主管部门相应的决策权，使地方和部门有更大的权限和责任。会议还通过了《关于开展学位与研究生教育评估工作的报告》。

1994年3月14日，国务院学位委员会办公室主持召开了有建设部教育司、高校建筑学评估委员会和同济大学等单位参加的建筑学硕士学位评估工作会议，会议研究确定了开展建筑学硕士学位评估工作的基本思路、评估标准和进度安排等问题。9月14日，国家教育委员会研究生工作办公室召开了北京大学、清华大学、天津大学和南开大学等京津两地11所研究生院参加的评估工作研讨会，对即将开展的研究生院评估的指标体系、评估程序和方法及有关政策进行了研究，并部署了部分研究生院评估试点工作。9月20~23日，国务院学位委员会办公室组织召开了法学、化学、电工、兵器科学与技术等一级学科评议组会议，研究按一级学科进行学位授予权审核的试点工作。这是对学位授予权审核工作进行新的尝试。

1995年2月8日，国家教育委员会研究生工作办公室发出通知，启动对清华大学等33所试办研究生院的评估工作。5月2日，国务院学位委员会发出通知，部署第六批新增学位授权点的申报和审核工作。9月8日，国务院学位委员会发出《关于按一级学科进行学位与研究生教育评估和按一级学科行使博士学位授予权审核试点工作的通知》。9月25日，第一届学位与研究生教育评估学术年会及全国研究生教育学会评估工作委员会和专家咨询委员会成立大会召开，会议回顾总结了过去几年来研究生教育评估工作的开展情况，并进一步研讨了评估工作的规范化、标准化问题。10月12日，国家教育委员会研究生工作办公室公布了对清华大学等33所试办研究生院的评估结果，并对部分优秀研究生院进行了表彰和奖励，对其他研究生院起到了学习和借鉴作用。12月20~24日，国务院学位委员会组织召开学科评议组第六次会议，部署对第六批博士和硕士点进行复审等工作。

1996年1月6~22日，国务院学位委员会分别召开文理、农医及五个一级学科评议组会议，审定通过了第六批新增博士、硕士学位授权学科、专业名单和按一级学科行使博士学位授予权的单位名单。11 月 12 日，国务院学位委员会办公室组织相关学科评议组完成对物理学、动力工程及工程热物理两个学科、专业的复评工作。12 月 2~3 日，国务院学位委员会办公室会同国家教育委员会外事司组织召开中英高校重点学科评估研讨会。会议重点研讨了中英学校重点学科评价、单项学科的评价等问题。

1997 年 1 月 28 日，国务院学位委员会下发通知，决定对前四批（1992 年以前）批准的博士、硕士学位授权点进行基本条件合格评估。这是首次对博士、硕士学位授权点进行全面的基本条件合格评估。1 月 31 日~2 月 1 日，国务院学位委员会办公室组织召开省级学位委员会工作会议，重点部署了对前四批硕士学位授权点进行基本条件合格评估的工作。9 月 22 日，国务院学位委员会下达了上述合格评估结果及处理意见。10 月 14~16 日，国务院学位委员会办公室组织召开省级学位委员会工作研讨会，总结交流前四批硕士学位授权点基本条件合格评估经验，研讨、部署 1997 年的第七批博士、硕士学位授权审核工作等事宜。

1998 年 5 月 14 日，国务院学位委员会、教育部联合下发《关于开展全国优秀博士学位论文评选工作的通知》，通知明确了全国优秀博士学位论文评选工作的周期和评选数量。而且还指出评选结果将作为各学位授予单位参加有关评选、评估等活动的重要评审指标之一。5 月 20~23 日，国务院学位委员会学科评议组召开第七次会议，会议审定第七批新增学位授权学科、专业名单。6 月 17~18 日，国务院学位委员会组织召开第十六次会议，批准通过的《第七批学位授权学科、专业名单》。

1999 年 6 月 16 日，教育部学位管理与研究生司组织评选出 100 篇优秀博士学位论文。

2000 年 2 月 22 日，国务院学位委员会办公室发出通知并对中国人民解放军装备指挥技术学院等 7 所高校进行了评估。4 月 18 日，国务院学位委员会下发《关于进行第八次学位授权审核工作的通知》。6 月 27 日，根据《全国优秀博士学位论文评选办法》，教育部学位管理与研究生教育司组织评选出 100 篇 2000 年优秀博士学位论文。9 月 25~28 日，国务院学位委员会学科评议组召开第八次会议，审核第八批博士和硕士学位授权学科、专业名单和新增一级学科博士学位授权单位名单。10 月 19 日，教育部研究生工作办公室发出《关于开展博士学位论文抽查工作的通知》。12 月 26 ~ 27 日，国务院学位委员会组织召开第十八次会议，审批学科评议组审核通过的《第八批学位授权学科、专业名单》。

2001 年 3 月 6 日，教育部下发通知启动第二轮国家重点学科评选工作，最终评选出 964 个国家重点学科，从而不断促进我国高校的学科建设，进一步提高我国高校教学科研的能力，形成一批培养高层次专门人才、解决经济建设、社会发展和科技进步重大问题的基地。4 月 20 日，教育部研究生工作办公室公布了 2000 年博士学位论文抽查结果。7 月 16 日，教育部学位管理与研究生教育司组织评选出 100 篇 2001 年优秀博士学位论文。

2002 年 6 月 25 日，教育部研究生工作办公室公布了由教育部学位与研究生教育发展中心组织进行的 2001 年博士学位论文抽查结果，评议专家按论文质量高低分为 "A" "B" "C" "D" 四档。10 月 9 日，教育部学位管理与研究生司组织评选出 97 篇 2002 年优秀博士学位论文。11 月 28 日，国务院学位委员会下发《关于第九次学位授权工作中新增学位授予单位审核工作的通知》。

2003 年 4 月 25 日，教育部研究生工作办公室发布由教育部学位与研究生教育发展中心组织进行的 2002 年博士学位论文抽查结果，评议专家对每篇论文按 7 个指标进行评价并按论文质量高低分为 "A" "B" "C" "D" 四档。8 月 31 日，教育部学位管理与研究生教育司组织评选出 97 篇 2003 年优秀博士学位论文。9 月 6 日，中国人民解放军首届优秀博士、硕士学位论文评选结果揭晓，评选出 30 篇优秀博士学位论文和 70 篇优秀硕士学位论文，并由中国人民解放军学位委员会办公室予以公布。9 月 8 日，国务院学位委员会下发《关于下达第九批学位授权学科、专业名单的通知》。

2004 年 5 月 14 日，教育部学位管理与研究生教育司下发了由教育部学位与研究生教育发展中心组织进行的 2003 年博士学位论文抽查结果，评议专家对每篇论文按 7 个指标进行评价并分 "A" "B" "C" "D" 四档给出综合评价意见。9 月 22 日，教育部学位管理与研究生教育司组织评选出 97 篇 2004 年优秀博士学位论文。10 月 12 日，教育部研究生工作办公室发出《关于开展博士学位论文抽查工作的通知》。12 月 7~9 日，由国务院学位委员会办公室组织召开学位授权点定期评估研讨会。这标志着全面进行学位授权点定期评估的开始。

2005 年 1 月 20~21 日，国务院学位委员会组织召开第二十一次会议，会议通过了《关于开展对博士、硕士学位授权点定期评估工作的几点意见》。4 月 22 日，国务院学位委员会发出通知，部署第十次学位授权审核工作。同日，国务院学位委员会印发 1 月份审议通过的《关于开展对博士、硕士学位授权点定期评估工作的几点意见》，决定自 2005 年起对博士、硕士学位授权点分层次进行定期评估。本次评估包括学位授权点自我评估、基本状态评价和博士学位论文抽查三个环节进行，必要时组织评估专家进行实地考察。定期评估结果由国务院学位委员会学科评议组最终审核确定。5 月 11 日，教育部学位管理与研究生教育司下发了 2004 年抽查博士学位论文的评价结果。评议专家除了按评价指标体系分七个指标进行评分外，不再按 "A" "B" "C" "D" 四档给出综合评价，而是按 "特别优秀" "优秀" "良好" "一般" 四档给出总体评价意见。10 月 13 日，教育部学位管理与研究生教育司组织评选出 96 篇 2005 年优秀博士学位论文。10 月 16~19 日，国务院学位委员会学科评议组召开第十次会议，会议审核《第十批学位授权学科、专业名单》和《关于 2005 年博士学位授权点定期评估工作的报告》。

2006 年 3 月 10 日，国务院学位委员会下发通知，委托省级学位委员会和中国人民解放军学位委员会开展硕士学位授权点的定期评估工作。本次评估包括学位授权点自我评估、学位授权点基本状态评价和硕士学位论文抽查三个环节，必要时可组织专家进行实地考察。在此基础上，由省学位委员会和中国人民解放军学位委员会分别确定评估结果，报国务院学位委员会批准并进行相应处理。7 月 26 日，教育部学位管理与研究生教育司组织评选出 99 篇 2006 年优秀博士学位论文。11 月 14 日，国务院学位委员会办公室下发通知，委托教育部学位与研究生教育发展中心组织专家对第八批审核获得授权的博士学位授权点进行评估，于 2006 年和 2007 年分两批进行。对博士论文质量进行抽查既是博士点定期评估工作的重要组成部分，也是学位授予单位持续完善和健全研究生培养质量保证体系和监督体系、不断强化质量观念、保障和提高博士学位学位授予质量的重要措施。12月4日，教育部学位管理与研究生教育司发出通知，决定对国家重点学科水平和建设成效进行考核评估。通知要求各国家重点学科要在自我考评的基础上，撰写国家重点学科的建设总结报告，并填写《国家重点学科建设情况汇总表（2001—2005）》。具体工作由教育部学位管理与研究生教育司组织，并委托教育部学位与研究生教育发展中心承担考核评估的有关工作。

2007年2月7日，国务院学位委员会下发2006年硕士点定期评估结果及相应的处理意见。9月28日，国务院学位委员会、教育部、人事部联合发出通知要求开展博士质量调查工作，以期全面分析和评价我国博士研究生教育质量现状以及与国际间差距，深刻剖析影响博士质量的问题和原因，总结博士研究生培养的成绩和经验，逐步建立和完善我国博士质量评价的标准，提出提高博士质量的对策和措施并建立我国博士质量的保障制度和体系。11月2日，教育部学位管理与研究生教育司组织评选出98篇2007年优秀博士学位论文。

2008年1月14日，国务院学位委员会组织召开第二十五次会议，通过了《博士、硕士学位授权审核办法改革方案》，用于进一步发挥省级政府在推动教育协调发展中的作用，增强学位授予单位创建自身办学特色学科结构的主动性，全面提升研究生教育质量。8月7日，教育部学位管理与研究生教育司组织评选出100篇2008年优秀博士学位论文。

2009年9月17日，教育部学位管理与研究生教育司组织评选出98篇2009年优秀博士学位论文。

2010年2月11日，国务院学位委员会下达了《关于71个硕士学位授权点评估结果及处理意见的通知》，这是在2006年委托省级学位委员会和军队学位委员会开展硕士学位授权点定期评估中，在2007年公布评估结果为"存在一定问题需经整改才能合格"的硕士学位授权点。经过为期两年的整改后的评估结果及处理意见。4月19日，国务院学位委员会下发通知要求要认真贯彻《博士、硕士学位授权审核办法改革方案》精神，通过学位授权审核工作，不断促进研究生教育与经济、社会、科技、文化的协调发展。6月3日，教育部学位管理与研究生教育司印发通知决定对2007年批准的国家重点学科进行考核评估。10 月 18 日，教育部学位管理与研究生教育司组织评选出 100 篇 2010 年优秀博士学位论文。

2011 年 11 月 3 日，教育部学位管理与研究生教育司组织评选出 97 篇 2011 年优秀博士学位论文。

2012 年 12 月 28 日，教育部学位管理与研究生教育司组织评选出 90 篇 2012 年优秀博士学位论文。

2014 年 1 月 29 日，国务院学位委员会、教育部联合印发了《学位授权点合格评估办法》和《博士硕士学位论文抽检办法》，标志着每 6 年进行一轮的更为规范、更为严格、更为全面的学位授权点合格评估的正式开始。2014 年 3 月 14 日，教育部学位管理与研究生教育司组织评选出 100 篇 2013 年优秀博士学位论文。6 月 26 日，国务院学位委员会、教育部下发通知，决定于 2014～2019 年开展学位授权点合格评估工作，通知明确了此次合格评估工作的评估范围、评估程序、评估依据和评估结果处理等内容。同日，国务院学位委员会、教育部下发通知，明确了 2014 年专项评估的评估范围、评估组织、评估内容、评估方式、评估程序、评估结果处理以及专项评估学位授权点名单等事项。从此学位授权点合格评估进入全面规范标准阶段。11 月 5～6 日，全国研究生教育质量工作会议暨国务院学位委员会第三十一次会议召开，会议进一步明确研究生教育质量的重要性。

2015 年 9 月 18 日，国务院学位委员会办公室向有关学位授予单位反馈了 2014 年博士学位论文抽检通讯评议的结果，要求学位授予单位高度重视，切实采取有效措施，加强质量监控。

2016 年 3 月 16 日，国务院学位委员会公布了 2014 年学位授权点专项评估结果，要求各学位授权点引起足够重视，不断加强内涵建设，提高研究生教育质量水平。9 月 5 日，国务院学位委员会、教育部下发通知，明确了 2016 年专项评估的评估范围、评估组织、评估内容、评估程序及要求、评估纪律与监督、评估结果处理以及专项评估学位授权点名单等具体事项。9 月 23 日，国务院学位委员会下发通知，要求 2016 年撤销的学位授权点的招生及在学研究生的学位授予按照 2015 年颁布的《博士、硕士学位授权学科和专业学位授权类别动态调整办法》的规定执行。

2017 年 1 月 23 日，国务院学位委员会组织召开第三十三次会议，审议并表决通过了《2016 年学位授权点专项评估结果》。3 月 3 日，国务院学位委员会、教育部下发通知明确了 2017 年专项评估的评估范围、评估组织、评估内容、评估程序及要求、评估纪律与监督、评估结果处理以及专项评估学位授权点名单等具体事项。3 月 17 日，国务院学位委员会下发通知明确了"学位授权审核工作总体要求"和"学位授权审核申请基本条件"，用以开展 2017 年的学位授权审核工作。5 月 19 日，国务院学位委员会下发通知，对《博士、硕士学位授权学科和专业学位授权类别动态调整办法》进行了适当调整，并强调了省级学位委员会对动态调整工作的统筹指导作用。

2018 年 1 月 29 ~ 30 日，国务院学位委员会组织召开第三十四次会议，审议通过了《2017 年学位授权点专项评估结果》《2017 年学位授权点动态调整结果》《关于推进高等学校做好学位授权自主审核工作的意见》等事宜。3 月 19 日，国务院学位委员会、教育部发布通知明确了 2018 年专项评估的评估范围、评估组织、评估内容、评估程序及要求、评估纪律与监督、评估结果处理以及专项评估学位授权点名单等具体事项。4 月 19 日，国务院学位委员会发布了《关于高等学校开展学位授权自主审核工作的意见》，来激发办学活力，形成特色优势，以稳步推进高校开展学位授权自主审核工作。8 月 20 日，教育部办公厅发出通知明确了"研究生样板党支部"的基本条件、创建标准，研究生党员标兵的基本条件、创建标准，评选程序及要求等事项。

2019 年 1 月 25 日，教育部办公厅下发了《关于公布首批高校"百个研究生样板党支部""百名研究生党员标兵"创建名单的通知》，通知要求"研究生样板党支部"和"研究生党员标兵"要充分发挥党支部战斗堡垒作用和党员先锋模范作用，带动高校全面提升研究生党建工作质量，着力培养有担当有作为的新时代青年。4 月 2 日，国务院学位委员会、教育部下发通知明确了首轮合格评估抽评工作的抽评对象、抽查评议内容、组织评议程序及结果处理。同日，国务院学位委员会、教育部下发了《关于开展 2019 年学位授权点专项评估工作的通知》，明确了 2019 年专项评估的评估范围、评估组织、评估内容、评估程序及要求、评估纪律与监督、评估结果处理以及专项评估学位授权点名单等具体事项。

2020 年 3 月 30 日，国务院学位委员会下发通知要求 2019 年撤销的学位授权点的招生及在学研究生的学位授予按照 2015 年颁布的《博士、硕士学位授权学科和专业学位授权类别动态调整办法》的规定执行。4 月 13 日，国务院学位委员会、教育部发布通知针对本轮合格评估不同评估结果给予了不同处理意见。这标志着第一轮学位授权点周期性合格评估完满结束，为以后的评估工作提供了宝贵经验；同日，国务院学位委员会、教育部下发通知明确了 2020 年专项评估的评估范围、评估组织、评估内容、评估程序及要求、评估纪律与监督、评估结果处理以及专项评估学位授权点名单等具体事项。9 月 28 日，国务院学位委员会下发通知明确了"学位授权审核工作总体要求"和"学位授权审核申请基本条件"，用以开展 2020 年的学位授权审核工作。11 月 11 日，国务院学位委员会、教育部印发《学位授权点合格评估办法》，对学位授权点合格评估制度做出进一步规范和完善；同日，国务院学位委员会、教育部发布《关于开展 2020—2025 年学位授权点周期性合格评估工作的通知》，明确了此轮合格评估的评估范围、评估程序、评估依据和评估结果处理。这标志着第二轮学位授权点周期性合格评估工作全面启动。

2021 年 4 月 18 日，国务院学位委员会、教育部下发通知，对参加 2020 年学位授权点专项合格评估的博士学位授权一级学科、二级学科和硕士学位授权一级学科给予相应处理意见。8 月 11 日，教育部办公厅下发了《关于公布第二批全国高校"百个研究生样板党支部"和"百名研究生党员标兵"创建名单的通知》，通知要求"研究生样板党支部"严格支部组织生活和创新支部工作方法，带动全国研究生党支部全面进步全面过硬；要求"研究生党员标兵"做好理论创新传播者，当好青年学生领头雁，引领广大研究生成为国家急需的高层次人才。8 月 27 日，国务院学位委员会办公室下发通知，委托国务院学位委员会相关学科评议组对数学一级学科博士学位授权点进行巡查，旨在以评促改、以评促建，持续提高研究生教育质量。10 月 26 日，国务院学位委员会下发通知公布了 2020 年相应撤销和增列的学位授权点名单；同日，国务院学位委员会下发通知公布了 2020 年相应增列的学位授予单位及其学位授权点名单和增列且需要加强建设的学位授予单位及其学位授权点名单；同日，国务院学位委员会下发通知公布了 2020 年相应一级学科博士、硕士学位授权点名单。

总之，学位授权审核工作、学位与研究生教育质量检查评估、学位授权点基本条件合格评估、研究生院评估、学位授权点定期评估、国家重点学科评估、学位授权点周期性合格评估和学位授权点专项评估等审核或评估工作，都从不同视角评价我国研究生培养质量，不断促进研究生教育质量的提高，努力将研究生培养成为国家急需的高层次人才和担当民族复兴大任的时代新人。

2.2 专业学位研究生教育培养发展历程①

1984 年 11 月 12 ~ 14 日，清华大学等 11 所高等工科院校召开培养工程类型硕士学位研究生研讨会，会后向教育部提出了《关于培养工程类型硕士生的建议》。这是培养工程专业学位研究生（工程硕士）的构想，也是专业学位研究生培养模式的一种大胆的探索和创新。

1986 年 11 月 29 日，国务院学位委员会、国家教育委员会、卫生部联合发出通知，颁布《培养医学博士（临床医学）研究生的试行办法（西医）》，办法中强调医学博士（临床医学）研究生以临床实际工作能力的训练为主，以培养临床高级专门人才为目的，并且明确了培养年限、招生程序、培养过程与管理、学位授予以及研究生在校待遇等事项，这是医学专业学位研究生培养模式的创新。

1988 年 8 月国家教育委员会研究生司、国务院学位委员会办公室组织召开了培养工程类型硕士生研究小组第一次会议。会议明确了研究生培养工作改革的必要性，草拟了《培养工程类型硕士生改革方案的初步设想》，并提出了为厂矿企业、工程建设单位培养高层次应用型专门科学技术人才的培养目标，这标志着教育主管部门已经开始酝酿工程专业学位研究生培

---

① 发展历程的大事记源于《学位与研究生教育》（国务院学位委员会主办）杂志的"中国学位与研究生教育大事记"，http://www.adge.edu.cn/ch/new - list.aspx。

养的设想。9 月 23～26 日，国务院学位委员会办公室、国家教育委员会研究生司组织召开了财经类（货币银行学、国际金融）、政法类（刑法、民法、国际经济法）5 个专业硕士生不同学位规格（应用类）培养方案研讨会，会议在明确财经类、政法类研究生教育必须适应国民经济和社会发展的需要、积极为实际部门培养应用类人才这一任务的基础上，修订了货币银行学等 5 个专业硕士生（应用类）参考性培养方案。这是在财经类和政法类学科进行专业学位研究生培养的一种有益探索。12 月 20～21 日，国务院学位委员会办公室和国家教育委员会研究生司召开了"设置中国式的工商管理硕士（MBA）学位调研会"。会议全面分析了国外培养 MBA 的现状、趋势和我国对 MBA 人才的需求情况，探讨了在我国设置工商管理硕士的必要性、可行性和紧迫性，提出了制订 MBA 参考性培养方案的初步设想及可能遇到的问题等。这标志着我国的 MBA 专业学位设置已经被提上了日程。

1989 年 5 月 6 日，国务院学位委员会复函卫生部，批准组建"医学职业学位研究小组"，要求立即着手组织调研和论证设置医学职业学位的问题，并提出初步方案后提交国务院学位委员会讨论审核。6 月 23 日，国家教育委员会发出通知，要求在总结 1988 年以来部分高校开展培养工程类型硕士生试点工作经验的基础上，继续积极地、有步骤地全面开展此项试点工作，通知中对培养工程类型硕士生工作的指导思想、招生工作、培养方案要求、学制、培养方式、鼓励政策以及指导教师队伍建设、宣传工作作了具体规定。这标志着工程类硕士培养工作将全面展开。

1990 年 3 月 12 日，国家教育委员会高等教育司和国务院学位委员会办公室召开"培养工商管理硕士（MBA）"研讨小组会议，对我国培养 MBA 学位研究生的必要性和可行性，以及制订的参考性培养方案，进行了认真探讨和论证。这标志着我国的 MBA 专业学位设置已经进入实质性阶段。3 月，卫生部召开了医学专业学位调研小组扩大会议，探讨了设置医学专业学位的目的、规模，并详细部署了开展专业学位的调研工作；建设部召开了全国高校建筑学专业教育评估委员会筹备组会议，会议除了讨论了高校建筑学专业教育评估章程和评估指标体系等事项以外还着重探讨了在我国设置建筑学专业学位的问题。4月，国务院学位委员会办公室会同卫生部召开了医学专业学位的调查研究培养临床医学研究生研究小组扩大会议，对医学专业学位（临床医学）的培养目的、培养规格、培养年限、授予体系等问题进行了研讨。

1991年2月22日，国家教育委员会研究生工作办公室发出通知，要求在部分高校开展设置和试办MBA专业学位的试点工作，并与此同时继续做好设置专业学位的研讨和论证，积极为我国的经济建设和社会发展输送高层次应用型的管理人才。10月22~23日，国家教育委员会研究生工作办公室为了探讨理科专业开展培养高层次应用型人才的途径，召开了海洋科学应用型高层次人才培养工作试点座谈会。会议回顾了前一时期的工作情况，成立了试点工作小组，并就海洋科学领域培养高层次应用型人才的重要性和可行性进行了初步的论证和研究。10月30日~11月2日，国务院学位委员会办公室和国家教育委员会研究生工作办公室组织召开了试办MBA专业学位协作小组第一次会议，正式成立了协作小组，并就中国高层次应用型管理人才的培养工作进行了深入、实际的探讨。还批准了中国人民大学等9所国内高校开展MBA专业学位教育试点工作，并行使学位授予权。11月14~20日，建筑学专业学位研究领导小组第一次会议暨建筑学专业学位国际研讨会召开，会上成立了建筑学专业学位研究领导小组及其工作班子，研究确定了开展研究工作的基本思路，并明确了第一阶段研究工作的具体分工。美国、英国等国家以及中国香港地区的建筑学专业的相关专家应邀出席了会议并做了专题报告，着重交流了建筑学专业学位教育的经验。12月10日，国务院学位委员会发出通知，详细部署了建筑学专业学位研究的原则要求和课题内容，为不断深化我国学位制度改革和建筑学高等教育制度的改革、逐步建立具有中国特色的建筑学专业学位制度不断积累理论基础和积极创造条件。

1992年1月10日，国家教育委员会研究生工作办公室发出通知，组成海洋科学"基础应用型"高层次人才培养试点工作小组。该小组是根据1991年10月22~23日由国家教育委员会研究生工作办公室组织召开的海洋科学高层次应用型人才培养工作试点座谈会而建立的，其主要任务是组织制定海洋科学有关专业的硕士生参考性培养方案等事项。9月，国务院学位委员会办公室与建设部等单位共同完成了《建筑学专业学位设置方案》《建筑学专业学位试点工作方案》的起草和征求意见工作。该方案将专业学位授予权、评估和建筑师注册考试三者有机结合，符合我国建筑业改革的方向，有利于进一步对外开放，促进我国学位制度改革工作产生新的突破。这标志着建筑学专业学位设置进入真正实施阶段。10 月 20～24 日，受国务院学位委员会办公室和国家教育委员会研究生工作办公室的委托，MBA 协作组召开了第二次会议。第一批 9 个试点单位在会上总结交流了两年来培养 MBA 的经验和遇到的问题，结合学习和贯彻邓小平南方谈话精神、党的十四大精神就企业机制转换后对高层次应用型人才需求及发展趋势、人才知识结构、能力结构以及如何充实改善教学内容、教学方式、实践过程，才能使高层次应用型管理人才更好地适应社会主义市场经济发展的需要等问题进行了深入探讨。11 月9～10 日，国务院学位委员会组织召开第十一次会议，原则通过《关于学位与研究生教育改革和发展的若干意见》，要求加快设置专业学位的研究与试点工作，扩大举办 MBA 学位教育的试点单位；还审核通过了 9 月开始起草和征求意见的《建筑学专业学位设置方案》并责成学位办公室、建筑学专业学位研究领导小组与建设部有关部门协调抓好建筑学专业学位试点工作；抓紧研究医学专业学位的设置问题。这标志着专业学位设置与发展开始进入快车道。

1993 年 5 月，国务院学位委员会办公室、国家教育委员会研究生工作办公室在专家评议的基础上，确定新增北京大学等 17 个 MBA 培养的试点单位，并发出了通知对试点工作提出了希望和要求。9 月 1 日，国务院学位委员会批准清华大学等 4 所高校具有建筑学学士学位授予权，这是我国学位制度建立以来设置并授予的学士层次的第一个也是唯一的一个专业学位。12 月 16～20 日，全国试办 MBA 协作组召开第三次会议。会议交流了试办工作的有关情况，并就试办工作的重要问题进行了研讨。

1994 年 4 月 14 日，国务院学位委员会办公室组织召开了设置"法律专业硕士学位"研讨会。4 月 26 日，国务院学位委员会办公室、国家教育委员会研究生工作办公室组织召开了 MBA 18 门课程教学大纲统稿会，基本完成了教学大纲的审核定稿工作。7 月 7 日，国务院学位委员会批准华南理工大学等 4 所高校有权授予建筑学专业学士学位。9 月 22 日，国务院学位委员会、国家教育委员会批准成立全国工商管理硕士（MBA）教育指导委员会，秘书处设在清华大学，并明确了其性质、职责、任务和组织形式。这是我国成立的第一个专业学位教育指导委员会。9月23日，国务院学位委员会办公室会同司法部、最高人民法院、最高人民检察院等部门联合组织召开了设置法律专业硕士学位论证会，讨论并初步形成培养方案等相关问题。

1995年1月10日，国务院学位委员会办公室会同建设部教育司及建筑学专业评估委员会部署开展首次建筑学硕士专业学位评估工作。4月10～11日，国务院学位委员会组织召开第十三次会议，审议通过设置并试办法律专业硕士学位等重要事宜。5月30日，国务院学位委员会办公室发出通知要求在申报单位就试点工作研讨、交流的基础上，经研究确定中国人民大学等8所院校为首批法律硕士专业学位试点单位。11月7日，全国工商管理硕士（MBA）教育指导委员会第二次会议，会议研讨了"九五"期间MBA教育发展规划建议要点以及MBA的教学改革工作方案。

1996年4月29～30日，国务院学位委员会组织召开第十四次会议，审议通过了《专业学位设置审批暂行办法》，以加速培养经济建设、社会发展和科技进步所需要的高层次应用型专业人才，促进专业学位的设置和管理，另外会议还决定设置和试办教育硕士专业学位。5月28日，国家教育委员会研究生工作办公室向清华大学等15所高校发出《关于在部分高校试点按工程领域培养工程硕士的通知》，以推动面向经济建设主战场，培养高层次应用型工程技术和工程管理人才的改革工作。通知还要求试点高校结合实践研究制订有关培养方案和评价工程硕士培养质量、授予学位的标准。6月10日，国务院学位委员会办公室、国家教育委员会研究生工作办公室在申报单位就试点工作研讨、交流的基础上，经研究批准北京师范大学等16所师范类高校开展教育硕士专业学位的试点工作，并行使学位授予权，试点招生工作从1997年开始招生。同日，国家教育委员会研究生工作办公室、人事司、师范司、基础司等有关司局联合成立试点工作协调小组和试办教育硕士专业学位专家指导小组，以指导各高校教育硕士专业试点培养工作。8月15日，国务院学位委员会办公室会同国家教育委员会学生司与司法部教育司共同审定的《法律硕士专业学位参考性培养方案》下发实施，就法律硕士的培养目标与要求、培养对象、学习年限、课程设置与要求、培养方式与培养环节等方面做了详细规定。9 月 14～16 日，国务院学位委员会办公室组织召开教育硕士专业学位第一次试点工作会议。会上，专家指导小组审核了各试点单位申报的教育硕士专业学位培养方案等重要事宜。10 月 4 日，国务院学位委员会办公室组织召开 MBA 教育指导委员会第三次会议暨 26 所试点院校管理学院院长会议，就进一步提高 MBA 培养质量和 1997 年组织联考工作事宜进行研究。10 月 28 日，国务院学位委员会办公室发出通知要求在申报单位就试点工作研讨、交流的基础上，经研究正式同意北京航空航天大学等 29 所高校开展工商管理硕士（MBA）专业学位试点工作，并行使学位授予权，试点招生工作从 1997 年开始招生。

1997 年 4 月 6 日，国务院学位委员会、国家经济贸易委员会联合下发通知，决定从 1997 年开始，开展企业管理人员在职攻读 MBA 学位的工作。通知明确了开展此项工作的目的和基本原则，对培养对象的入学要求、入学考试、课程学习及学位授予都做了具体的规定。在职人员攻读 MBA 是我国 MBA 教育改革的重要举措，对培养和造就大批跨世纪的、高层次的企业优秀管理人才具有十分重要意义。4 月 23～24 日，国务院学位委员会组织召开第十五次会议，审议批准《关于调整医学学位类型和设置医学专业学位的几点意见》，以更好地适应社会需求，有利于对各种不同性质和不同背景医学专门人才进行针对性的培养、选择和使用，以及国际交流等；审议批准了《工程硕士专业学位设置方案》，对工程硕士专业学位的性质、招收对象、课程设置、学位论文来源等事项进行了规定。7～11 月，由国务院学位委员会办公室主办，中国经营报社承办，由北京大学、清华大学等 26 所试点高校参加的"中国 MBA 案例展示赛"活动举行，案例教学法是培养精通经营管理、具有创新精神、务实能干的高层次应用型专门人才的主要方法和途径。9 月 17 日，国务院学位委员会、国家教育委员会、卫生部联合发布通知，决定成立全国临床医学专业学位研究生教育指导委员会，秘书处设在卫生部，并明确了其性质、职责、任务和组织形式。10 月 15 日，国务院学位委员会、国家教育委员会发出通知，决定从 1998 年起，由 1996 年批准的北京师范大学等 16 所师范高校开展基础教育教学和管理人员在职攻读教育硕士专业学位的招生工作。11月10日，国务院学位委员会、司法部联合下发通知明确了在职攻读法律硕士专业学位入学要求、课程学习及学位授予等事项，并决定从1998年起招生，以培养高层次应用型法律专业人才。11月20日，国务院学位委员会办公室在申报单位就试点工作研讨、交流的基础上，经研究批准了清华大学等54所高校自1998年开始开展工程硕士培养工作，并行使学位授予权。12月16日，国务院学位委员会办公室批准南京大学等6所高校新增为法律硕士专业学位研究生教育试点单位。12月22日，国务院学位委员会、国家教育委员会、司法部联合发布通知，决定成立全国法律硕士专业学位研究生教育指导委员会，秘书处设在司法部，并明确了其性质、职责、任务和组织形式。

1998年3月2～3日，国家教育委员会高等教育司、国务院学位委员会办公室联合召开了"七年制高等医学教育改革及医学专业学位授予工作专家研讨会"，这是医学专业加强学生的综合素质培养、临床能力培养的创新模式。4月1日，国务院学位委员会办公室、农业部教育司、国家林业局人事教育司联合发出通知，决定成立农科专业学位设置研究秘书组，负责组织农科专业学位的研究论证工作。5月4日，国务院学位委员会办公室下发通知，对申请开展临床医学博士、硕士专业学位试点工作的43个单位进行通讯评议。6月22日，国务院学位委员会、教育部印发通知以"七年一贯制"培养临床医学硕士。7月10日，国务院学位委员会办公室、教育部研究生工作办公室、卫生部科技教育司、国家中医药管理局科技教育司联合发出，在申报单位就试点工作研讨、交流的基础上，经研究批准北京医科大学（现为北京大学）等23所高等医学（中医）院校开展临床医学博士、硕士专业学位试点工作，哈尔滨医科大学等20所高等医学（中医）院校开展临床医学硕士专业学位试点工作，并行使学位授予权。试点工作从1998年9月开始招生。10月19日，国务院学位委员会办公室批复同意清华大学对工商管理硕士（MBA）学位论文环节进行改革试点，从1998年秋季入学的全日制工商管理硕士（MBA）研究生开始试行。主要方案措施是将工商管理硕士（MBA）研究生学位论文分解为4个专题报告，每个学期都有具体要求。10月19日，国务院学位委员会办公室下发通知，同意首都师范大学等13所高校新增为教育硕士专业学位试点单位。11 月 18~19 日，国务院学位委员会办公室组织召开会议，研讨设置"公共管理"硕士专业学位等事宜。12 月 17 日，国务院学位委员会、教育部下发通知，决定成立全国工程硕士教育指导委员会，秘书处设在清华大学，并明确了其性质、职责、任务和组织形式。

1999 年 1 月 15 日，国务院学位委员会、教育部、国家中医药管理局联合发出通知，成立"全国临床医学中医、中西医结合专业学位教育指导委员会"，秘书处设在北京中医药大学，并明确了其性质、职责、任务和组织形式。5 月 10~11 日，国务院学位委员会组织召开第十七次会议指出，专业学位要坚持高起点、严要求，培养上要把好质量关，要稳步做好新设专业学位的试点工作。7 月 19 日，国务院学位委员会、教育部联合发出通知，决定成立全国教育硕士专业学位教育指导委员会，秘书处设在北京师范大学，并明确了其性质、职责、任务和组织形式。8 月 24 日，国务院学位委员会下发《口腔医学专业学位试行办法》，其包括授予学位的级别和名称、授予学位的对象、授予学位的标准、申请资格、考核与学位授予、培养经费、组织管理等内容。

2000 年 1 月 27 日，国务院学位委员会和教育部下发通知决定成立全国农业推广（暂用名）硕士专业学位教育指导委员会，秘书处挂靠在中国农业大学，明确了其性质、职责、任务和组织形式，并于 6 月 12 日正式成立。同日，国务院学位委员会和教育部下发通知决定成立全国兽医专业学位教育指导委员会，秘书处设在南京农业大学，明确了其性质、职责、任务和组织形式，并于 6 月 16 日正式成立。4 月 25 日，国务院学位委员会办公室发出通知，要求我国从 2000 年起开展公共管理硕士（MPA）专业学位试点工作，申请单位按照通知要求提交申请报告。4 月 26 日，国务院学位委员会办公室发出《关于开展中国高校工商管理硕士（MBA）学位教学合格评估工作的通知》。8 月 15 日，国务院学位委员会办公室下发了通知要求在申报单位就试点工作研讨、交流的基础上，经研究批准北京大学等 24 所高校为首批 MPA 培养试点单位。10 月 19 日，国务院学位委员会批准重庆大学等 11 所高校继续行使建筑学专业学位授予权，新增大连理工大学和山东建筑工程学院（2006 年更名为山东建筑大学）开展授予建筑学学士学位的试点工作，并行使学位授予权。12 月 26～27 日，国务院学位委员会组织召开第十八次会议，强调要会同教育部召开首届全国专业学位研究生教育工作会议，重点研讨专业学位教育发展方向和指导思想，并要深入探讨加强专业学位建设和保证质量的措施。

2001 年 2 月 5 日，国务院学位委员会办公室发出通知，在全国学位与研究生教育发展中心组织专家对 26 所 MBA 培养单位进行了实地考评基础上，经过评议一致认为 26 所 MBA 培养单位全部通过教学合格评估。2 月 9 日，国务院学位委员会、教育部、人事部联合发出通知决定成立全国公共管理硕士（MPA）专业学位教育指导委员会，秘书处设在中国人民大学，并明确了其性质、职责、任务和组织形式。12 月 18 日，国务院学位委员会办公室发出通知要求在申报单位就试点工作研讨、交流的基础上，经研究批准北京大学等 22 所高校开展授予公共卫生硕士（MPH）专业学位的试点工作，并行使学位授予权。

2002 年 1 月 9 日，国务院学位委员会、教育部下发《关于加强和改进专业学位教育工作的若干意见》，在回顾了我国实行专业学位教育制度十年来的成绩的基础上，重点分析了专业学位教育存在的问题，主要包括：对专业学位教育重要性的认识仍然不足，专业学位教育规模仍然偏小，教学资源还比较缺乏，师资水平还有待提高以及质量保证措施尚待完善等问题。该意见针对这些问题提出了相应解决方案。2 月 5 日，国务院学位委员会办公室发出通知，明确规定了软件工程硕士培养单位的基本条件、软件工程硕士研究生的招考条件与录取程序等事项，以加快软件领域高层次应用型人才的培养。3 月 26～27 日，国务院学位委员会组织召开第十九次会议，审批了《军事硕士专业学位设置方案》。6 月 24 日，国务院学位委员会、教育部、中国人民解放军学位委员会联合下发通知决定成立全国军事硕士专业学位教育指导委员会，并明确了其性质、职责、任务和组织形式。7 月 24 日，国务院学位委员会发出通知要求在申报单位就试点工作研讨、交流的基础上，经研究批准北京大学等 30 所高校开展 EMBA 教育试点工作，行使学位授予权并要求试办高校积极发展高级管理人员工商管理硕士（EMBA）专业学位教育，加强规范管理，强化质量意识，确保高级管理人员工商管理硕士（EMBA）教育培养质量。9 月 25～27 日和 11 月 5～7 日，国务院学位委员会办公室分别组织召开会计硕士专业学位论证专家小组第一次会议和第二次会议，正式启动中国会计硕士专业学位论证工作。

2003 年 3 月 11 日，国务院学位委员会办公室发布《公共卫生硕士专业学位指导性培养方案》。7 月 25～26 日，国务院学位委员会组织召开第二十次会议，会议要求根据社会对应用型人才的需求，积极发展专业学位教育，并研究论证了《艺术硕士专业学位设置方案》和《会计硕士专业学位设置方案》。12 月 18 日，国务院学位委员会批准设立会计硕士专业学位。

2004 年 3 月 1 日，国务院学位委员会、教育部下发通知，决定成立全国会计硕士专业学位教育指导委员会（http：//mpaccesc. ruc. edu. cn/）。秘书处设在中国人民大学，并明确了其性质、职责、任务和组织形式。3 月 18～19 日，国务院学位委员会办公室召开全国会计硕士专业学位教育指导委员成立大会暨第一次会议。会议讨论《会计硕士参考性培养方案》等事项。3 月 26 日，国务院学位委员会办公室复函全国工商管理硕士（MBA）专业学位教育指导委员会，同意各试点高校从 2004 年开始招收高级管理人员工商管理硕士（EMBA）研究生，并对招生范围进行了规定。4 月 30 日，国务院学位委员会办公室下发通知，要求在申报单位就试点工作研讨、交流的基础上，经研究批准北京大学等 21 个研究生培养单位开展会计硕士专业学位教育试点工作，行使学位授予权并就试点工作有关具体事项进行了规定。5 月 25 日，国务院学位委员会办公室批准东北农业大学和华南农业大学为兽医博士专业学位研究生培养单位。7 月 6 日，国务院学位委员会批准清华大学等 12 所高校继续行使建筑学硕士专业学位授予权；另外，新增河北工程学院（2006 年更名为河北工程大学）、大连理工大学、华侨大学、广州大学、西南交通大学开展授予建筑学学士学位工作，并行使学位授予权。

2005 年 1 月 20～21 日，国务院学位委员会组织召开第二十一次会议，会议审议批准了体育硕士、艺术硕士、风景园林硕士等专业学位的设置方案。5 月 30 日，国务院学位委员会办公室下发通知要求在申报单位就试点工作研讨、交流的基础上，经研究批准清华大学等 21 所研究生培养单位开展体育硕士专业学位教育试点工作，并行使学位授予权，还对试点工作的指导思想、组织与实施进行了详细说明。同日，国务院学位委员会办公室下发通知要求在申报单位就试点工作研讨、交流的基础上，经研究批准北京大学等 32 所研究生培养单位开展艺术硕士专业学位教育试点工作，并行使学位授予权，还对试点工作的指导思想、组织与实施等进行了详细说明。6 月 10 日，国务院学位委员会办公室发出通知，决定对郑州大学等 8 所高校（第四批培养院校）进行工商管理硕士（MBA）专业学位教学合格评估工作。6 月 16 日，国务院学位委员会、教育部发出通知，决定成立全国体育硕士专业学位教育指导委员会，秘书处设在北京体育大学；成立全国艺术硕士专业学位教育指导委员会，秘书处设在中央音乐学院。7 月 6 ~ 7 日，全国体育硕士专业学位教育指导委员召开成立大会暨体育硕士专业学位试点单位工作会议，会议讨论了体育硕士专业学位教育指导委员会章程等事宜。7 月 8 ~ 9 日，全国艺术硕士专业学位教育指导委员成立大会召开暨艺术硕士专业学位试点单位工作会议，会议讨论了艺术硕士专业学位教育指导委员会章程等事宜。9 月 15 日，国务院学位委员会、教育部发出通知，决定成立全国风景园林硕士专业学位教育指导委员会，秘书处设在北京林业大学。9 月 28 日，国务院学位委员会办公室发出通知，决定对 2002 年 8 月批准的北京大学等 30 所试办 EMBA 高校进行合格评估，并同时下达评估工作的各项要求以及评估指标体系，对制度建设、招生管理、培养过程管理、师资队伍、教学效果、教育环境、办学特色的 7 个一级指标 21 个二级指标进行详细评价，还需提交 EMBA 教育项目试办工作总结报告、备查文件及资料等内容。

2006 年 6 月 7 日，国务院学位委员会办公室下发通知，对 2000 年 8 月批准的首批 24 所公共管理硕士（MPA）培养单位进行教学合格评估。通知就评估方式、评估范围、评估方案和评估具体时间进行了规定，并重点说明了评估指标体系和评分标准，其中评估指标由教学设施（案例教学条件、多媒体教学条件、图书资料、网络和计算机）、师资队伍（教师数量、教师结构、教学经验、社会实践经验、师资培训）、教学管理（教学管理机构与人员、教学服务与激励、教学管理制度、教学大纲）、教学实施（教材建设、案例教学、双语教学、专题讲座及实践、在校研读时间）、教学效果与学位论文（招生数量及录取分数、教学效果、论文导师及指导、论文综合质量）、办学特色及其他（专业与课程特色、政府合作关系、国际及境外交流）6 项一级指标，25 项二级指标组成，还对每项二级指标进行了详细说明。9 月 15 日，国务院学位委员会办公室下发通知，教育发展中心对第一、二批共 29 个教育硕士（Ed. M）培养单位进行教学合格评估。通知就评估方式、评估范围、评估方案和评估具体时间进行了规定，并重点说明了评估指标体系和评分标准，其中评估指标由培养条件（学位点基础、师资队伍、教学设施及利用、培养经费）、培养过程（培养方案、课程教学、学位论文、职业道德教育）、教育管理（管理机构、管理制度、质量管理）、教育效果（学员教师专业化发展、社会声誉、办学特色及其他）等 4 项一级指标、14 项二级指标组成，还对每项二级指标考评点进行了详细说明。10 月 10 日，国务院学位委员会办公室委托全国法律硕士、工商管理硕士、教育硕士、公共管理硕士、会计硕士专业学位教育指导委员会审核新增培养单位。

2007 年 1 月 24～25 日，国务院学位委员会组织召开第二十三次会议，审议通过了《国际汉语硕士专业学位设置方案》和《翻译硕士专业学位设置方案》。还强调为了加强专业学位人才培养工作，要深入研究专业学位发展规划和实施方案，以适应经济建设、社会发展和科技进步，研究并论证新设专业学位必要性、可行性和紧迫性。2 月 7 日，国务院学位委员会办公室下达了高级管理人员工商管理硕士（EMBA）专业学位教育评估的结果。在总结了试办 EMBA 教育的基本情况，包括成绩和不足的基础上，得出此次参加评估的 30 所院校的高级管理人员工商管理硕士（EMBA）项目全部合格的结论，30 所 EMBA 试点院校全部转入正式实施。同日，国务院学位委员会办公室下达了公共管理硕士（MPA）专业学位教学合格评估的结果。在总结了试办 MPA 教育的成绩与经验、问题和不足的基础上，得出此次参加评估的 24 所公共管理硕士（MPA）培养单位全部通过教学合格评估。5 月 31 日，国务院学位委员会办公室在申报单位就试点工作研讨、交流的基础上，经研究批准北京大学等 25 所研究生培养单位开展汉语国际教育硕士专业学位教育试点工作，并行使学位授予权。通知还规定教育指导委员会委员人选推荐工作等内容。同日，国务院学位委员会办公室在申报单位就试点工作研讨、交流的基础上，经研究批准北京大学等 15 所研究生培养单位开展翻译硕士专业学位教育试点工作，并行使学位授予权。通知还规定教育指导委员会委员人选推荐工作等内容。8月14日，国务院学位委员会、教育部下发通知，决定成立全国汉语国际教育硕士专业学位教育指导委员会，秘书处设在国家汉语国际推广领导小组办公室；成立全国翻译硕士专业学位教育指导委员会（ht-tps：//cnti.gdufs.edu.cn/），秘书处设在广东外语外贸大学。通知还明确了它们性质、职责、任务和组织形式。

2008年1月8日，国务院学位委员会办公室下达了教育硕士（Ed.M）专业学位研究生培养单位教学合格评估的结果。在总结了试办教育硕士（Ed.M）专业学位教育的成绩与经验、问题和不足的基础上，得出此次参加教育硕士专业学位试点工作的北京师范大学等29个培养单位全部通过了教学合格评估。12月29~30日，国务院学位委员会组织召开第二十六次会议，通过了《社会工作硕士专业学位设置方案》《教育博士专业学位设置方案》等事宜。

2009年3月12日，国务院学位委员会办公室发出通知，决定委托全国教育硕士（Ed.M）专业学位教育指导委员会对第三批12所教育硕士专业学位试办单位进行教学合格评估；决定委托全国工商管理硕士（MBA）教育指导委员会对第五、六批31所以及第四批未评估的2所工商管理硕士专业学位试办单位进行教学合格评估。3月25日，国务院学位委员会办公室发出通知，决定委托全国公共管理硕士（MPA）专业学位教育指导委员会对全国第二批MPA试办院校进行教学合格评估。9月15日，国务院学位委员会、教育部下发通知，决定成立全国社会工作硕士专业学位教育指导委员会，秘书处设在北京大学，并明确了其性质、职责、任务和组织形式。

2010年1月27~28日，国务院学位委员会组织召开第二十七次会议，会议总结回顾了我国自1990年开始设置和试办专业学位教育，已批准设置19个专业学位，具有专业学位授予权的院校达到476所，累计招生85万人。会议还审核通过了《硕士、博士专业学位教育发展总体方案》和《硕士、博士专业学位设置与授权审核办法》，经过二十年的稳步发展，总结凝练出当前专业学位教育的指导思想、原则和目标，规划出继续推进专业学位教育向前发展的方案。3月22日，国务院学位委员会印发了金融硕士等19种专业学位设置方案，决定在我国设置金融等19个专业学位。5月7日，国务院学位委员会下发通知，决定开展新增包括金融等 35 种硕士专业学位授权点审核工作。9 月 18 日，国务院学位委员会印发了第二十七次国务院学位委员会审核通过的《硕士、博士专业学位研究生教育发展总体方案》和《硕士、博士专业学位设置与授权审核办法》，以推进并完善专业学位研究生教育工作。10 月 13 日，国务院学位委员会办公室下达了教育硕士（Ed. M）专业学位教学合格评估结果，在总结了试办教育硕士（Ed. M）专业学位教育的成绩与经验、问题和不足的基础上，得出此次参加教育硕士（Ed. M）专业学位试点工作的 12 所教育硕士（Ed. M）培养单位全部通过教学合格评估；下达了公共管理硕士（MPA）专业学位教学合格评估结果（第二批院校），在总结了公共管理硕士（MPA）专业学位教育的成绩与经验、问题和不足的基础上，得出 14 所培养单位全部通过教学合格评估。10 月 19 日，国务院学位委员会办公室下达了工商管理硕士（MBA）专业学位教学合格评估结果（第五、六批院校），在总结了工商管理硕士（MBA）专业学位教育的成绩与经验、问题和不足的基础上，得出有 31 所培养单位通过教学合格评估，有 2 所工商管理硕士（MBA）培养单位未通过教学合格评估。

2011 年 2 月 12～13 日，国务院学位委员会组织召开第二十八次会议，会议通过了《审计硕士专业学位设置方案》和《工程博士专业学位设置方案》等事项。3 月 15 日，国务院学位委员会、教育部、人力资源和社会保障部联合发文，决定成立全国审计专业学位研究生教育指导委员会，秘书处设在审计署人事教育司，并明确了其性质、职责、任务和组织形式，于 3 月 18 日正式成立。

2012 年 4 月 26 日，国务院学位委员会办公室转发了《审计硕士专业学位研究生指导性培养方案（试行）》，培养方案中明确规定了审计硕士专业学位研究生的培养目标及基本要求、招生对象、学习方式和年限、培养方式、课程设置、学位论文与学位授予等具体事项，供各培养单位参考使用，以规范审计硕士专业学位研究生的培养工作。6 月 25 日，国务院学位委员会办公室下达了第五次工商管理硕士（MBA）教学合格评估的结果，在总结了工商管理硕士（MBA）专业学位教育的成绩与经验、问题和不足的基础上，得出安徽财经大学等 31 所培养单位通过了教学合格评估，2 所培养单位未通过教学合格评估。7月3日，国务院学位委员会办公室下达了第三次公共管理硕士（MPA）教学合格评估的结果，在总结了公共管理硕士（MPA）专业学位教育的成绩与经验、问题和不足的基础上，得出10所培养单位全部通过了教学合格评估。9月3日，国务院学位委员会办公室下发通知，决定委托全国翻译专业学位研究生教育指导委员会对第一批15所培养单位进行教学合格评估。11月28日，国务院学位委员会办公室转发了《军事硕士专业学位研究生培养基本要求》，供各培养单位参考使用，用以进一步规范各军事硕士专业学位研究生培养单位工作，提高军事硕士专业学位研究生培养质量。12月5日，国务院学位委员会办公室发出通知，决定委托全国公共管理专业学位研究生教育指导委员会对第三批36所专业学位研究生培养单位进行教学合格评估。

2013年3月8日，国务院学位委员会办公室下发通知，决定编写《博士、硕士学位基本要求（专业学位）》，其目的是为各教育部门、各评价主体开展质量检查和评估质量监督、学位授予单位保证培养质量、制订各专业学位类别学位授予标准、指导教师指导研究生学习提供参考依据，6月28日，国务院学位委员会办公室下达了翻译硕士教学合格评估的结果。在总结了翻译硕士专业学位教育的成绩与经验、问题和不足的基础上，得出15所专业学位培养单位均通过教学合格评估。7月26日，国务院学位委员会办公室下达了公共管理硕士（MPA）教学合格评估结果，在总结了公共管理硕士（MPA）专业学位教育的成绩与经验、问题和不足的基础上，得出36所参评的专业学位培养单位中，有35所通过评估。

2014年6月26日，国务院学位委员会、教育部下发《关于开展学位授权点合格评估工作的通知》。这次评估是和学术学位授权点一起进行的周期性合格评估。12月5日，国务院学位委员会办公室下发通知，委托全国专业学位研究生教育指导委员会组织实施2014年学位授权点专项评估工作，这是和学术学位授权点一起进行的专项评估。

2015年5月7日，教育部下发《关于加强专业学位研究生案例教学和联合培养基地建设的意见》，在加强案例教学和基地建设的重要意义、加强案例教学及改革教学方式、加强基地建设并推进产学结合、加大投入及完善政策配套和条件保障等四方面提出了17条意见。

2016 年 3 月 11 日，国务院教育督导委员会办公室发布通知决定对法律等 8 个专业类别进行试点评估，并印发《专业学位水平评估试点工作实施方案》，就评估组织实施、评估时间、评估范围、参评条件、评估程序、评估结果使用和分析服务进行了具体规定，以确保专业学位水平评估试点工作顺利开展，不断提升专业学位研究生教育质量。3 月 16 日，国务院学位委员会公布了 2014 年学位授权点专项评估结果，要求各专业学位授权点引起足够重视，加强内涵建设，不断提高专业学位研究生教育水平。3 月 22 日，教育部印发《关于进一步规范工商管理硕士（MBA）专业学位研究生教育的意见》，为促进工商管理硕士（MBA）专业学位研究生教育健康发展提了 7 条意见。3 月 31 日，教育部办公厅、国家卫生计生委办公厅、国家中医药管理局办公室联合下发《关于加强医教协同做好临床医学硕士专业学位研究生培养与住院医师规范化培训衔接工作的通知》，以加强医教协同，推进临床医学硕士专业学位研究生培养与住院医师的规范化培训衔接。4 月 8 日，教育部学位与研究生教育发展中心发布《关于实施专业学位水平评估试点工作的通知》，对评估试点工作的具体程序进行了说明，并公布了各专业类别的水平评估指标体系。

2017 年 3 月 14 日，国务院学位委员会、教育部印发通知，决定对工程专业学位类别进行调整。将工程专业学位类别调整为电子信息等 8 个专业学位类别。工程硕士领域中的项目管理等 3 个领域调整到工程管理专业学位类别。工程专业学位类别对应调整完成后不再保留。

2018 年 5 月 4 日，国务院学位委员会办公室转发了全国工程专业学位研究生教育指导委员会起草的《关于制订工程类硕士专业学位研究生培养方案的指导意见》及说明，指导意见中明确规定了工程类硕士专业学位研究生的培养定位及目标、学习方式及修业年限、培养方式及导师指导、课程设置及学分要求、专业实践、学位论文、论文评审与答辩、学位授予等具体事项，以规范工程类硕士专业学位研究生的培养工作。同日，国务院学位委员会办公室转发了全国工程专业学位研究生教育指导委员会制订的《工程类博士专业学位研究生培养模式改革方案》及说明，改革方案中明确规定了工程类博士专业学位研究生的培养目标、培养方式、招生对象、工程类博士专业学位获得者应具备的知识、能力和素质、学位论文要求、质量保障与监督等具体事项，以规范工程类博士专业学位研究生的培养工作。

2020 年 9 月 25 日，国务院学位委员会、教育部印发了《专业学位研究生教育发展方案（2020—2025）》，该方案从专业学位研究生教育的成就与挑战、专业学位研究生教育的发展与目标、着力优化硕士专业学位研究生教育结构、加快发展博士专业学位研究生教育、大力提升专业学位研究生教育质量、专业学位研究生教育发展方案的组织实施等六个方面规划了专业学位研究生教育的改革与发展。该方案是专业学位研究生教育发展的战略性指导文件。11 月 11 日，国务院学位委员会、教育部发布《关于开展 2020 – 2025 年学位授权点周期性合格评估工作的通知》。11 月 23 日，国务院教育督导委员会办公室印发了《全国专业学位水平评估实施方案》，以确保专业学位水平评估工作顺利开展，决定全面启动全国专业学位水平评估工作，重点对金融等 30 个专业学位类别开展评估。

2021 年 2 月 4 日，教育部学位管理与研究生教育司、司法部律师工作局联合发出《关于实施法律硕士专业学位（涉外律师）研究生培养项目的通知》，选取北京大学等 15 所高校自 2021 年起实施法律硕士专业学位（涉外律师）研究生培养项目并下发了《法律硕士专业学位（涉外律师）研究生指导性培养方案》。

总之，专项教学合格评估工作、专业学位教育评估、学位授权点周期性合格评估和学位授权点专项评估等审核或评估工作，发挥评估诊断、改进、监督、导向作用，促进培养单位学标准、查问题、找不足、补差距、求改进，不断推动我国专业学位研究生教育高质量、内涵式发展，为社会经济向前发展提供高层次应用型人才。

2.3　研究生教育质量评估现状

我国当前的研究生教育质量评估分为两大类：第一类是学位授权点合格评估，第二类是学位授权点（学科）整体水平评估。它们都有各自的特点以及评估的侧重点。

2.3.1 学位授权点合格评估

根据国务院学位委员会、教育部联合发布的《学位授权点合格评估办法》，学位授权点合格评估是我国学位授权审核制度和研究生培养管理制度的重要组成部分，分为周期性合格评估和专项合格评估。2014～2019 年已经进行了第一轮的周期性合格评估。2020 年 11 月 11 日，国务院学位委员会、教育部发布《关于开展 2020—2025 年学位授权点周期性合格评估工作的通知》，标志着第二轮学位授权点周期性合格评估工作已经开始启动；专项合格评估也已经进行了 2014 年、2016 年、2017 年、2018 年、2019 年、2020年、2021 年七次。这都为学位授权点合格评估提供了宝贵的经验。

2.3.1.1 周期性合格评估

周期性合格评估应该按照相关程序进行。学位授予单位应当全面检查学位授权点办学条件和培养制度建设情况，认真查找影响人才培养质量的突出问题，在自我评估期间持续做好改进工作，凝练特色。鼓励有条件的学位授予单位将自我评估与自主开展或参加的相关学科领域具有公信力的国际评估、教育质量认证等相结合。周期性合格评估的详细过程如下，可供参考：

2.3.1.1.1 学位授予单位自我评估

1. 自我评估工作方案和组织机构建设。

学位授予单位根据学位授权点合格评估基本条件、《学位授权点抽评要素》和《学位授权点自我评估指南》，结合本单位和学位授权点实际，研究制定本单位评估工作方案。评估工作方案主要包括自我评估的组织机构和职责、组织形式、评估方式、评估范围、评估内容和标准、时间安排和工作流程、评估结果及处理和改进提升方案等。评估工作方案应于规定时间前，通过"全国学位与研究生教育质量信息平台"报送国务院学位委员会办公室和省级学位委员会办公室。下面以某高校为例，组织机构和职责可参考如下。

（1）学校层面。

①成立学校学位授权点合格评估领导小组。领导小组全面负责学校学位授权点的迎评建设工作，统筹决策和部署评估工作，研究决定评估工作的重大问题。领导小组由组长、副组长和成员组成，评估领导小组组长由校党委书记、校长担任，副组长由分管研究生教育的副校长担任，成员由其他校领导担任。领导小组成员分工负责，分别联系与指导对口学院开展参评工作。

②成立学校学位授权点合格评估工作小组。工作小组负责实施参评各项工作，审议各学位授权点《自我评估总结报告》。组长由分管研究生教育的副校长担任，由党委（校长）办公室、党委组织部、党委宣传部、党委学生工作部（处）、党委教师工作部、人力资源处、教务处、发展规划与学科建设处、科技处、社科处、研究生院、国际合作与交流处、实验室与资产管理处、计划财务处等相关职能部门负责人为成员。

③评估工作小组下设学位授权点合格评估工作办公室。办公室设在研究生院（处），研究生院院长（研究生处处长）兼任办公室主任。负责落实领导小组和工作小组各项决策部署，协调、反馈相关信息，推进评估各项工作。

（2）学院层面。

①各学院成立书记、院长任组长，院班子和学位授权点负责人为成员的学位授权点评估工作组，负责本学院各学位授权点评估工作的组织实施，指导、审核评估材料。

②各学位授权点成立评估工作专班，负责收集、组织、撰写、填报评估材料，每个学位授权点确定1位参评联系人负责沟通联络。

2. 自我评估的内容和标准。

学位授权点自我评估的内容和标准由学位授予单位根据《学位授权点抽评要素》和《学位授权点基本状态信息表》来确定。自我评估应根据学位授予单位办学定位和研究生培养质量标准，以研究生培养和学位授予质量为重点，从目标定位、研究方向、师资队伍、学科方向、人才培养数量质量和特色、课程教材质量、科学研究、社会服务、学术交流、条件建设和制度保障等方面，对学位授权点建设水平与人才培养质量进行全面检查，真实、准确考察学位授权点的目标达成度。鼓励学位授予单位建立本单位特色的自我合格评估指标体系。人才培养质量标准不得低于国家制定的《一级学科博士硕士学位基本要求》[①] 和《专业学位类别（领域）博士硕士学位基本要求》[②]。

　　评估的具体内容，可根据学校办学定位和"十四五"发展规划，结合研究生教育发展现状及发展目标和《学位授权点抽测要素》，按照研究生培养类型分为学术学位授权点抽评要素（见表 2.1）和专业学位授权点抽评要素（见表 2.2），分别制定学术学位授权点自我评估指标体系（见表 2.3）和专业学位授权点自我评估指标体系（见表 2.4）。

表 2.1　　　　　　　　　　　　学术学位授权点抽评要素

一级要素	二级要素	主要内容
1　目标与标准	1.1 培养目标	本学位授权点培养研究生的目标定位
	1.2 学位标准	符合本学科特点，与本单位办学定位及特色相一致的学位授予质量标准的制定及执行情况
2　基本条件	2.1 培养方向	本学位授权点的主要培养方向简介
	2.2 师资队伍	各培养方向学科带头人与学术骨干、主要师资队伍情况
	2.3 科学研究	本学位授权点近 5 年已完成的主要科研项目以及在研项目情况
	2.4 教学科研支撑	本学位授权点支撑研究生学习、科研的平台情况
	2.5 奖助体系	本学位授权点研究生奖助体系的制度建设、奖助水平、覆盖面、覆盖率等情况

---

　　① 国务院学位委员会第六届学科评议组. 一级学科博士、硕士学位基本要求 [M]. 北京：高等教育出版社，2014.

　　② 全国专业学位研究生教育指导委员会. 专业学位类别（领域）博士、硕士学位基本要求 [M]. 北京：高等教育出版社，2015.

一级要素	二级要素	主要内容
3 人才培养	3.1 招生选拔	学位授权点研究生报考数量、录取比例、录取人数、生源结构情况，以及为保证生源质量采取的措施
	3.2 思政教育	思想政治理论课开设、课程思政、研究生辅导员队伍建设、研究生党建工作等情况
	3.3 课程教学	本学位授权点开设的核心课程及主讲教师，课程教学质量和持续改进机制，以及教材建设情况
	3.4 导师指导	导师队伍的遴选、聘任、培训、考核情况，导师指导研究生的制度要求和执行情况，博士生导师岗位管理制度建设和落实情况
	3.5 学术训练	研究生参与学术训练及科教融合培养研究生成效，包括制度保证、经费支持、科研成果等
	3.6 学术交流	研究生参与国际国内学术交流的基本情况
	3.7 论文质量	体现本学科特点的学位论文规范、评阅规则和核查办法的制定及执行情况。本学位授权点学位论文在各类论文抽检、评审中的情况和论文质量分析
	3.8 质量保证	培养全过程监控与质量保证、加强学位论文和学位授予管理、强化指导教师质量管控责任、分流淘汰机制等情况
	3.9 学风建设	本学位授权点研究生课堂情况及改进措施，科学道德和学术规范教育开展情况，学术不端行为处理情况
	3.10 管理服务	专职管理人员配备情况，研究生权益保障制度建立情况，在学研究生满意度调查情况等
	3.11 就业发展	本学位点毕业研究生的就业率、就业去向分析，用人单位意见反馈和毕业生发展质量调查情况
4 服务贡献	4.1 科技进步	科研成果转化、促进科技进步情况
	4.2 经济发展	服务国家和地区经济发展情况
	4.3 文化建设	繁荣和发展社会主义文化情况

表 2. 2 专业学位授权点抽评要素

一级要素	二级要素	主要内容
1 目标与标准	1.1 培养目标	本学位授权点培养研究生的目标定位
	1.2 学位标准	符合本专业学位特点, 与本单位办学定位及特色相一致的学位授予质量标准的制定及执行情况
2 基本条件	2.1 培养特色	本学位授权点的主要培养特色简介
	2.2 师资队伍	骨干教师及师资队伍规模、结构情况, 包括专任教师及行业教师情况
	2.3 科学研究	本学位授权点近 5 年已完成的主要应用性科研成果或科研项目情况
	2.4 教学科研支撑	本学位授权点支撑研究生案例教学、实践教学的软硬件设施, 联合培养基地建设情况
	2.5 奖助体系	本学位授权点研究生奖助体系的制度建设、奖助水平、覆盖面、覆盖率等情况
3 人才培养	3.1 招生选拔	学位授权点研究生报考数量、录取比例、录取人数、生源结构情况, 符合专业学位特点的招生选拔机制, 以及为保证生源质量采取的措施
	3.2 思政教育	思想政治理论课开设、课程思政、研究生辅导员队伍建设、研究生党建工作等情况
	3.3 课程教学	本学位授权点开设的核心课程及主讲教师, 课程教学质量和持续改进机制, 教材建设情况
	3.4 导师指导	导师队伍的遴选、聘任、培训、考核情况, 行业产业导师选聘, 研究生双导师制情况。导师指导研究生的制度要求和执行情况, 博士生导师岗位管理制度建设和落实情况
	3.5 实践教学	专业学位研究生参与实践教学, 产教融合培养研究生成效, 包括制度保证、经费支持, 行业企业参与人才培养情况等
	3.6 学术交流	专业学位研究生参与国际国内学术交流的基本情况
	3.7 论文质量	体现本专业学位特点的学位论文类型 (如调研报告、规划设计、产品开发、案例分析、项目管理、艺术作品等) 规范、评阅规则和核查办法的制定及执行情况, 强化专业学位论文应用导向的情况。本学位授权点学位论文在各类论文抽检、评审中的情况和论文质量分析

续表

一级要素	二级要素	主要内容
3 人才培养	3.8 质量保证	培养全过程监控与质量保证、加强学位论文和学位授予管理、强化指导教师质量管控责任、分流淘汰机制等情况
	3.9 学风建设	本学位授权点专业学位研究生课堂情况及改进措施，科学道德和学术规范教育开展情况，学术不端行为处理情况
	3.10 管理服务	专职管理人员配备、研究生权益保障制度、在学研究生满意度调查情况等
	3.11 就业发展	本学位授权点毕业研究生的就业率、就业去向分析，用人单位意见反馈和毕业生发展质量调查情况
4 服务贡献	4.1 科技进步	科研成果转化、促进科技进步情况
	4.2 经济发展	服务国家和地区经济发展情况
	4.3 文化建设	繁荣和发展社会主义文化情况

表2.3　　　　　　　　学术学位授权点自我评估指标体系

一级要素	二级要素	评价内容	主要观测点
1 目标与标准（10分）	1.1 培养目标（5分）	本学位授权点培养研究生的目标定位	培养目标是否明确，是否适应经济社会发展需要，是否体现学校办学定位和办学特色
	1.2 学位标准（5分）	符合本学科特点，与本单位办学定位及特色相一致的学位授予质量标准的制定及执行情况	学位授权点学位授予标准是否明确，是否不低于国家《一级学科博士硕士学位基本要求》
2 基本条件（30分）	2.1 培养方向（4分）	本学位授权点的主要培养方向简介	培养方向设置、学科特色不低于《学位授权申请审核基本条件》相关要求；培养方向是否界定清晰、相对稳定、特色鲜明，是否符合国家、区域和行业需求

续表

一级要素	二级要素	评价内容	主要观测点
2 基本条件 (30分)	2.2 师资队伍 (10分)	各培养方向学科带头人与学术骨干、主要师资队伍情况	(1) 各培养方向学科带头人与学术骨干年龄、职称、国内外学术组织任职、学术水平、科研能力、培养研究生情况 (2) 师资队伍是否有明确的建设规划；专任教师数量、结构（年龄、职称、学位、学缘）是否合理，教学能力和水平等情况；导师队伍数量、结构（年龄、职称、学位、学缘）、科研能力和水平、培养研究生等情况；专家团队、高层次人才情况以及对研究生培养的贡献等
	2.3 科学研究 (8分)	本学位授权点近5年已完成的主要科研项目以及在研项目情况	学位授权点近5年来取得的主要科研成果；已完成的主要科研项目以及在研项目情况；人均科研经费情况
	2.4 教学科研支撑 (4分)	本学位授权点支撑研究生学习、科研的平台情况	学位授权点所属（或者所依托）的学科、平台、实验室、基地、中心等情况；用于研究生培养的仪器设备、图书资料、网络资源等情况等，是否满足研究生培养需要
	2.5 奖助体系 (4分)	本学位授权点研究生奖助体系的制度建设、奖助水平、覆盖面、覆盖率等情况	学位授权点研究生奖助体系的制度建设、奖助水平及覆盖面、覆盖率情况
3 人才培养 (50分)	3.1 招生选拔 (4分)	本学位授权点研究生报考数量、录取比例、录取人数、生源结构情况，以及为保证生源质量采取的措施	招生宣传、初试命题、复试组织和招生过程的规章制度建设情况，保证学位点生源质量采取的措施；近5年报考数量、推免生人数、录取人数、生源结构分析（学历情况、专业符合度）等
	3.2 思政教育 (4分)	思想政治理论课开设、课程思政、研究生辅导员队伍建设、研究生党建工作等情况	(1) 研究生思想政治理论课课程设置、课程建设、教学效果情况；学位授权点课程思政、意识形态阵地管理等特色做法及成效 (2) 研究生辅导员队伍建设、师生比例和管理制度建设情况；研究生党建工作开展情况

一级要素	二级要素	评价内容	主要观测点
3 人才培养 （50分）	3.3 课程教学 （8分）	本学位授权点开设的核心课程及主讲教师，课程教学质量和持续改进机制，教材建设情况	核心课程开设及主讲教师情况；教学大纲、授课计划、课程考试（考核）等文件完整及规范管理情况；教学内容、教学方法、教学方式等方面的改革及落实情况；承担教学改革项目及获得教学成果奖情况；课程建设情况（精品课程、优质课程等）；主编和参编研究生教材、讲义等情况
	3.4 导师指导 （6分）	导师队伍的遴选、聘任、培训、考核情况，导师指导研究生的制度要求和执行情况，博士生导师岗位管理制度建设和落实情况	研究生导师分类遴选、招生资格审核、交流培训、考核评价、激励问责制度体系建设及执行情况；研究生导师立德树人职责履行情况，研究生对导师工作满意度、各级优秀研究生导师或导师团队建设及其示范作用发挥情况；博士生导师岗位管理制度建设和落实情况
	3.5 学术训练 （3分）	研究生参与学术训练及科教融合培养研究生成效，包括制度保证、经费支持、科研成果等	研究生参与学术训练（学术活动月、学术沙龙、学术研讨、学术报告）等情况，包括制度保证、经费支持等；研究生在校期间取得的高水平学术科研成果（学术论文、科研获奖、专利等）以及服务经济社会发展等取得的成效情况
	3.6 学术交流 （3分）	研究生参与国际国内学术交流的基本情况	研究生参与国际国内科研合作、访学、研究生暑期学校、研究生论坛、学术（行业）会议、各类竞赛等学术交流活动情况，包括制度保证、经费支持等情况以及取得的成果；本学位授权点来华留学研究生招收、培养情况

一级要素	二级要素	评价内容	主要观测点
	3.7 论文质量 （6分）	体现本学科特点的学位论文规范、评阅规则和核查办法的制定及执行情况。本学位授权点学位论文在各类论文抽检、评审中的情况和论文质量分析	（1）论文选题、开题、中期考核、评审、答辩、学位授予等过程管理是否规范；体现本学科特点的学位论文规范、评阅规则和核查办法的制定及执行情况；学位论文质量保障措施 （2）省级及以上和校级优秀博士硕士学位论文评选情况，省级及以上博士硕士学位论文抽检情况、论文质量分析等 （3）研究生以学位论文为基础发表学术论文及取得其他成果的情况
3 人才培养 （50分）	3.8 质量保证 （8分）	培养全过程监控与质量保证、加强学位论文和学位授予管理、强化指导教师质量管控责任、分流淘汰机制等情况	（1）培养方案完整规范情况；培养环节设计合理，关键环节考核指标情况；课程教学计划制订和落实情况；课程考核内容和方式规范情况，教学档案是否齐全；制订和实施研究生个人培养计划情况；教学督导和评价制度建设及执行情况；是否有持续改进措施等 （2）学位论文质量保障体系建设情况，论文开题、中期考核、论文评审、论文答辩等环节的分流淘汰机制；学位论文答辩委员会、学位评定委员会责任落实情况 （3）导师履行立德树人职责及遵守研究生导师指导行为准则等情况；导师培训制度、导师分类评价考核和激励约束机制等开展情况 （4）研究生培养各关键环节分流淘汰机制情况及近5年相关数据
	3.9 学风建设 （2分）	本学位授权点研究生课堂情况及改进措施，科学道德和学术规范教育开展情况，学术不端行为处理情况	研究生到课情况（出勤率、课堂纪律、改进措施）；对研究生进行学术道德、学术规范和职业道德教育等情况（形式、次数、效果等）；对学术不端行为预防、认定及处理等规章制度建设及处理情况

续表

一级要素	二级要素	评价内容	主要观测点
3 人才培养（50分）	3.10 管理服务（2分）	专职管理人员配备情况，研究生权益保障制度建立情况，在学研究生满意度调查情况等	管理机构设置及管理人员配备情况；研究生权益保障制度建立情况；研究生心理健康、成长成才、就业创业等方面的指导服务情况；研究生对管理服务满意度调查情况
	3.11 就业发展（4分）	本学位授权点毕业研究生的就业率、就业去向分析，用人单位意见反馈和毕业生发展质量调查情况	毕业研究生的就业率、就业去向、签约单位类型、区域分布、艰苦地区和基层就业、专业契合度等情况。用人单位意见反馈情况，毕业生发展质量调查情况（毕业后晋升职称、升学、获奖、科研等）以及优秀毕业生代表情况
4 服务贡献（10分）	4.1 科技进步（3分）	科研成果转化、促进科技进步情况	本学位授权点近5年基础研究重大发现、解决重大关键技术问题等情况及科研成果转化、促进科技进步典型案例
	4.2 经济发展（4分）	服务国家和地区经济发展情况	本学位授权点人才培养、科学研究等方面产生的经济效益、服务社会效益
	4.3 文化建设（3分）	繁荣和发展社会主义文化情况	在增强国家凝聚力和文化竞争力，促进中华文化国际传播，增进中外人文交流，传承和弘扬中华优秀传统文化等方面的主要贡献和典型案例

表2.4　　　　　　　专业学位授权点自我评估指标体系

一级要素	二级要素	评价内容	主要观测点
1 目标与标准（10分）	1.1 培养目标（5分）	本学位授权点培养研究生的目标定位	本学位授权点人才培养目标是否适应经济社会发展需要和行业需求，是否体现学校办学定位和办学特色，是否符合国家、区域和行业需求，具有明确的职业导向
	1.2 学位标准（5分）	符合本专业学位特点，与本单位办学定位及特色相一致的学位授予质量标准的制定及执行情况	学位授予标准是否明确、内容完整，不低于《专业学位类别（领域）博士硕士学位基本要求》；是否突出研究生掌握相关行业产业或职业领域的扎实基础理论、系统专门知识以及通过研究解决实践问题的能力

续表

一级要素	二级要素	评价内容	主要观测点
2　基本条件（30分）	2.1 培养特色（4分）	本学位授权点的主要培养特色简介	本专业学位人才培养的特色与优势，包括生源质量、高水平研究工作转化为研究生培养资源能力、校外资源参与办学、质量保障与认证、培养成效及影响力等
	2.2 师资队伍（10分）	骨干教师及师资队伍规模、结构情况，包括专任教师及行业教师情况	骨干教师及师资队伍的数量、结构（年龄、职称、学位、学缘）、科研能力、行业经历、培养专业学位研究生情况等情况；校外行业教师数量、职称、年龄、学历、从事本专业学位相关行业工作年限、指导专业学位研究生情况等
	2.3 科学研究（8分）	本学位授权点近5年已完成的主要应用性科研成果或科研项目情况	近5年已完成的主要应用性科研项目、科研获奖、专利、与行（企）业合作的横向项目情况；科研成果产生经济效益、服务社会效益情况
	2.4 教学科研支撑（4分）	本学位授权点支撑研究生案例教学、实践教学的软硬件设施，联合培养基地建设情况	本学位授权点案例教学使用与开发建设情况、特色做法及成效，包括案例教学使用、案例编写、案例评优及入选各类案例库、案例库建设等情况；用于研究生培养的实验室、仪器设备、基地、图书资料、网络资源等情况；专业实践基地情况
	2.5 奖助体系（4分）	本学位授权点研究生奖助体系的制度建设、奖助水平、覆盖面、覆盖率等情况	研究生奖助体系的制度建设、奖助水平及覆盖面、覆盖率情况
3　人才培养（50分）	3.1 招生选拔（4分）	本学位授权点研究生报考数量、录取比例、录取人数、生源结构情况，符合专业学位特点的招生选拔机制，以及为保证生源质量采取的措施	招生宣传、初试命题、复试组织和招生过程的规章制度建设情况，符合专业学位特点的选拔机制及保障生源质量采取的措施；近5年报考数量、推免生人数、录取人数、生源结构分析（学历情况、专业符合度等）
	3.2 思政教育（4分）	思想政治理论课开设、课程思政、研究生辅导员队伍建设、研究生党建工作等情况	（1）研究生思想政治理论课、职业伦理课等课程设置、课程建设、教学效果情况；学位授权点课程思政、意识形态阵地管理等特色做法及成效（2）研究生辅导员队伍建设、师生比例和管理制度建设情况；研究生党建工作开展情况

续表

一级要素	二级要素	评价内容	主要观测点
3 人才培养（50分）	3.3 课程教学（7分）	本学位授权点开设的核心课程及主讲教师，课程教学质量和持续改进机制，教材建设情况	核心课程开设及主讲教师情况；课程教学内容、教学方法、教学方式等方面的改革及落实情况；承担教学改革项目及获得教学成果奖情况；本专业学位课程体系建设的基本情况、特色与成效，包括将应用能力和职业能力培养融入课程体系、课程体系设计响应社会行业发展需求等情况；主编和参编研究生教材、讲义等情况；案例教学使用与开发建设基本情况、特色做法及成效，包括案例教学使用、案例编写、案例评优及入选各类案例库、案例库建设等情况
	3.4 导师指导（6分）	导师队伍的遴选、聘任、培训、考核情况，行业产业导师选聘，研究生双导师制情况，导师指导研究生的制度要求和执行情况，博士生导师岗位管理制度建设和落实情况	研究生导师分类遴选、招生资格审核、交流培训、考核评价、激励问责制度体系建设及执行情况；导师立德树人职责履行情况，研究生对导师工作满意度、各级优秀研究生导师或导师团队建设及其示范作用发挥情况；"双师型"导师队伍建设情况
	3.5 实践教学（5分）	专业学位研究生参与实践教学，产教融合培养研究生成效，包括制度保证、经费支持，行业企业参与人才培养情况等	研究生参与实践教学及专业实践的基本情况、特色与成效，包括专业实践的整体设计、联合培养机制、行业导师配置与管理、实践方式与内容、实践管理与考核等；产教融合培养研究生成效，包括实践基地建设、行业企业参与人才培养情况、制度保证、经费支持、考核评价等情况以及取得的成效
	3.6 学术交流（3分）	专业学位研究生参与国际国内学术交流的基本情况	研究生参与国际国内科研合作、访学、研究生暑期学校、研究生论坛、学术（行业）会议、各类竞赛等学术交流活动情况，包括制度保证、经费支持等情况以及取得的成果；本学位授权点来华留学研究生培养情况

续表

一级要素	二级要素	评价内容	主要观测点
3 人才培养 (50分)	3.7 论文质量 (5分)	体现本专业学位特点的学位论文类型（如调研报告、规划设计、产品开发、案例分析、项目管理、艺术作品等）规范、评阅规则和核查办法的制定及执行情况，强化专业学位论文应用导向的情况。本学位授权点学位论文在各类论文抽检、评审中的情况和论文质量分析	（1）本学位授权点学位论文的总体情况，包括选题的应用性、解决实际问题成效及行业应用价值、体现专业学位特点的学位论文类型（如调研报告、规划设计、产品开发、案例分析、项目管理、艺术作品等）规范情况；论文开题、中期考核、评审、答辩、学位授予等过程管理是否规范；学位论文质量保障措施 （2）省级及以上和校级优秀学位论文评选情况；省级及以上硕士学位论文抽检情况，论文质量分析 （3）研究生以学位论文为基础取得成果的情况
	3.8 质量保证 (8分)	培养全过程监控与质量保证、加强学位论文和学位授予管理、强化指导教师质量管控责任、分流淘汰机制等情况	（1）培养方案完整规范情况；培养环节设计合理，关键环节考核指标情况；课程教学计划制订和落实情况；课程考核内容和方式规范情况；教学档案是否齐全；制订和实施研究生个人培养计划情况；教学督导和评价制度建设及执行情况；是否有持续改进措施等 （2）学位论文质量保障体系建设情况，论文开题、中期筛选、论文评审、论文答辩等环节的分流淘汰机制；学位论文答辩委员会、学位评定委员会责任落实情况 （3）导师履行立德树人职责及遵守研究生导师指导行为准则等情况；导师培训制度、导师分类评价考核和激励约束机制等开展情况 （4）研究生培养各关键环节分流淘汰机制情况及近5年相关数据
	3.9 学风建设 (2分)	本学位授权点专业学位研究生课堂情况及改进措施，科学道德和学术规范教育开展情况，学术不端行为处理情况	研究生到课情况（出勤率、课堂纪律、改进措施）；对研究生进行学术道德、学术规范和职业道德教育的情况（形式、次数、效果等）；对学术不端行为预防、认定和处理的规章制度建设及处理情况

一级要素	二级要素	评价内容	主要观测点
3 人才培养（50分）	3.10 管理服务（2分）	专职管理人员配备情况，研究生权益保障制度建立情况，在学研究生满意度调查情况等	管理机构设置及管理人员配备情况；研究生权益保障制度建立情况；研究生心理健康、成长成才、就业创业等方面的指导服务情况；研究生对管理服务满意度调查情况
	3.11 就业发展（4分）	本学位授权点人才需求与就业动态反馈机制建立情况，人才需求和就业状况报告发布情况，用人单位意见反馈和毕业生发展质量调查情况	毕业研究生的就业率、就业去向、签约单位类型、区域分布、艰苦地区和基层就业、专业契合度等情况；用人单位意见反馈情况，毕业生发展质量调查情况（毕业后晋升职称、升学、获奖、科研等）以及优秀毕业生代表情况
4 服务贡献（10分）	4.1 科技进步（3分）	科研成果转化、促进科技进步情况	本学位授权点近5年解决行业、企业技术难题情况及科研成果转化、促进科技进步典型案例
	4.2 经济发展（4分）	服务国家和地区经济发展情况	本学位授权点人才培养、科学研究等方面产生的经济效益、服务社会效益
	4.3 文化建设（3分）	繁荣和发展社会主义文化情况	在增强国家凝聚力和文化竞争力，促进中华文化国际传播，增进中外人文交流，传承和弘扬中华优秀传统文化等方面的主要贡献和典型案例

3. 学位授予单位编制《研究生教育发展质量年度报告》和《学位授权点建设年度报告》。

各学位授予单位根据各年度研究生教育发展总体情况编写《研究生教育发展质量年度报告》和各学位授权点根据每个学位授权点建设情况编制《学位授权点建设年度报告》，脱密后按年度在本单位门户网站发布。《研究生教育发展质量年度报告》和《学位授权点建设年度报告》的提纲是相同的，前者是从整个学位授予单位的角度，后者是从每个学位授权点的角度，撰写主要突出研究生教育发展和学位授权点建设的总体情况、制度建设完善和执行情况。《研究生教育发展质量年度报告》和《学位授权点建设年度报告》的内容可参考如图2.1和图2.2所示的提纲。

研究生教育发展质量年度报告

高校
（公章）

名称：

代码：

202 年 月 日

（a）

一、总体概况

学位授权点基本情况，学科建设情况，研究生招生、在读、毕业、学位授予及就业基本状况，研究生导师状况（总体规模、队伍结构）。

二、研究生党建与思想政治教育工作

思想政治教育队伍建设，理想信念和社会主义核心价值观教育，校园文化建设，日常管理服务工作。

三、研究生培养相关制度及执行情况

课程建设与实施情况，导师选拔培训、师德师风建设情况，学术训练情况，学术交流情况，研究生奖助情况。

四、研究生教育改革情况

人才培养，教师队伍建设，科学研究，传承创新优秀文化，国际合作交流等方面的改革创新情况。

五、教育质量评估与分析

学科自我评估进展及问题分析，学位论文抽检情况及问题分析。

六、改进措施

针对问题提出改进建议和下一步思路举措。

1

（b）

图 2.1　研究生教育发展质量年度报告提纲截图

学位授权点年度建设报告
(202X 年)

学 院
（公章） 名称：

授 权 学 科
（或专业类别）

名称：

代码：

授 权 级 别

□博 士

□硕 士

202 年 月 日

（a）

一、总体概况

学位授权点基本情况，学科建设情况，研究生招生、在读、毕业、学位授予及就业基本状况，研究生导师状况（总体规模、队伍结构）。

二、研究生党建与思想政治教育工作

思想政治教育队伍建设，理想信念和社会主义核心价值观教育，校园文化建设，日常管理服务工作。

三、研究生培养相关制度及执行情况

课程建设与实施情况，导师选拔培训、师德师风建设情况，学术训练情况，学术交流情况，研究生奖助情况。

四、研究生教育改革情况

人才培养，教师队伍建设，科学研究，传承创新优秀文化，国际合作交流等方面的改革创新情况。

五、教育质量评估与分析

学科自我评估进展及问题分析，学位论文抽检情况及问题分析。

六、改进措施

针对问题提出改进建议和下一步思路举措。

1

（b）

图 2.2　学位授权点建设年度报告提纲截图

4. 报送学位授权点基本状态信息。

加强学位授权点基本状态信息的日常管理，每轮周期性合格评估的第 3 年和第 6 年的 3 月底前，学位授予单位各参评学科、专业登录"学位授权点基本状态信息填报系统"（https：//xw. zju. edu. cn）进行填报。在正式系统填报前，学位授予单位一般先组织预填报，预填报时可参考系统中提供的样表，审核通过后再登录填报系统。学位授予单位应当向国务院学位委员会办公室、省级学位委员会报送参评学位授权点截至上一年底的基本状态信息。学位授权点基本状态信息填报是学位授权点周期性合格评估的重要组成部分和重要内容，是开展学位授权点自评的基础信息，学位授予单位应高度重视，认真组织，制定具体工作方案，指定专人按时保质保量完成信息填报工作。

5. 聘请外单位同行专家进行自我评估。

评估材料应提前发送专家，专家根据制定的学位授权点自我评估指标体系进行评估，听取总体汇报、与师生和管理人员座谈、查阅有关资料，了解学位授权点基本情况。专家组经过充分讨论，提出诊断式评议意见。专家评议意见应具有较强的针对性，从学位授权点建设的各个方面，指出其存在的问题与不足，并提出改进建议。

6. 评估结果处理。

学位授予单位根据专家评议意见确定学位授权点自我评估结果，并根据评估结果，结合本单位发展规划，提出学位授权点调整和改进意见。

（1）评估结果。自我评估结果分为"合格"和"不合格"。

（2）改进提升。根据评估过程中发现的问题和不足，结合评估专家意见，制定各学位授权点改进提升方案，持续改进建设。

（3）结果使用。评估结果为"不合格"的学位授权点，经校学位评定委员会审议，予以调整或撤销。

7. 完成自我评估总结报告。

学位授予单位应在自我评估的基础上，编写各学位授权点的《学位授权点自我评估总结报告》和《学位授权点自我评估结果汇总表》，样式可参考图 2.3 和图 2.4，完成并通过审核后，按规定时间上传至"全国学位与研究生教育质量信息平台"上向社会公开，用于随机抽评。

学位授权点自我评估总结报告

（式样及要求）

学位授予单位　名称：_____
　　　　　　　　代码：_____

授 权 学 科　名称：_____
（ 类 别 ）　代码：_____

授 权 级 别　□ 博　士_____
　　　　　　　□ 硕　士_____

202　年　月　日

（a）

编 写 说 明

一、本报告是在学位授权点完成自我评估后，根据自我评估结果和专家评议意见，对学位授权点的全面总结，分为三个部分：学位授权点基本情况、自我评估工作开展情况和持续改进计划。

二、本报告按学术学位授权点和专业学位授权点分别编写，同时获得博士、硕士学位授权的学科或专业学位类别，只编写一份总结报告。

三、封面中单位代码按照《高等学校和科研机构学位与研究生管理信息标准》（国务院学位委员会办公室编，2004 年 3 月北京大学出版社出版）中教育部《高等学校代码》（包括高等学校与科研机构）填写；学术学位授权点的学科名称及代码按照国务院学位委员会和教育部 2011 年印发、2018 年修订的《学位授予和人才培养学科目录》填写，只有二级学科学位授权点的，授权学科名称及代码按照国务院学位委员会和原国家教育委员会 1997 年颁布的《授予博士、硕士学位和培养研究生的学科、专业目录》填写；专业学位授权点的类别名称及代码按照国务院学位委员会、教育部 2011 年印发的《专业学位授予和人才培养目录》填写；同时获得博士、硕士学位授权的学科，授权级别选"博士"。

四、本报告采取写实性描述，能用数据定量描述的，不得定性描述。定量数据除总量外，尽可能用师均、生均或比例描述。报告中所描述的内容和数据应确属本学位点，必须真实、准确，有据可查。

五、本报告的各项内容须是本学位点合格评估自评阶段 5 年内的情况，统计时间以自评阶段第 5 年 12 月底为截止时间。

六、本报告所涉及的师资内容应区分目前人事关系隶属本单位的专职人员和兼职导师（同一人员原则上不得在不同学术学位点或不同专业学位点重复统计或填写）。

七、本报告中所涉及的成果（论文、专著、专利、科研奖励、教学成果奖励等）应是署名本单位，且同一人员的同一成果不得在不同学术学位点或不同专业学位点重复统计或填写。引进人员在调入本学位点之前署名其他单位所获得的成果不填写、不统计。

八、涉及国家机密的内容一律按国家有关保密规定进行脱密处理后编写。

九、本报告文字使用四号宋体，字数不超过 8000 字，纸张限用 A4。

1

（b）

一、学位授权点基本情况

【本部分由学位授权点根据《学位授权点抽评要素》的主要内容进行编写，但不局限于抽评要素中所列的主要内容。编写时应体现本学位授权点的特色和人才培养水平，相关数据统计可以使用图表表示。博士学位授权点涉及博士、硕士内容不同的部分可分别描述。已列入《学位授权点基本状态信息表》的内容，仅描述整体情况和亮点特色即可，无需罗列详细清单。】

二、自我评估工作开展情况

【描述自我评估的组织机构、工作流程、日程安排等情况；提供自我评估所选聘的外单位同行评估专家名单；概括描述同行专家对本学位授权点的意见，包括目前存在的问题及相关改进建议。】

三、持续改进计划

【针对存在的问题，提出本学位授权点的持续改进计划，包括未来一段时间的发展目标和保障措施。】

附：本学位授权点连续 5 年的培养方案

2

（c）

图 2.3　学位授权点自我评估总结报告式样截图

学位授权点自我评估结果汇总表

学位授予单位名称（代码）：＿＿＿＿＿＿＿＿＿　202 年 月 日填

授权学科（类别）		授权级别①	自我评估结果②
代码	名　称		

注：①填写"博士"或"硕士"。

　　②填写"合格"或"不合格"。

1

图 2.4　学位授权点自我评估结果汇总表式样截图

2.3.1.1.2 教育行政部门抽评

1. 抽评组织。

抽评工作的具体实施按照学位授权点的层次类别进行区分：具有博士和硕士学位授权的学位授权点抽评工作由国务院学位委员会办公室组织实施；未获得博士学位授权的硕士学位授权点抽评工作由各所在省、自治区、直辖市级学位委员会组织实施。军队系统的博士、硕士学位授权点抽评由军队学位委员会组织实施。

2. 抽评实施。

抽评的材料包括：各学位授予单位的《研究生教育发展质量年度报告》，参评的各学位授权点《学位授权点自我评估总结报告》《基本状态信息表》《学位授权点建设年度报告》，以及连续 5 年的研究生培养方案、自评专家意见和改进方案等。

2.3.1.1.3 评估结果处理

抽评工作结束后，国务院学位委员会办公室汇总评估结果和异议处理情况，报国务院学位委员会审批。审批后，国务院学位委员会、教育部会在教育部官网联合发布《关于下达学位授权点合格评估结果及处理意见的通知》。主要包括如下内容：

（1）学位授予单位自我评估结果为"合格"且未被抽评的学位授权点（国务院学位委员会、教育部会在教育部网站公开发布《学位授予单位自我评估结果为"合格"且未被抽评的学位授权点名单》），以及抽评结果为"合格"的学位授权点（国务院学位委员会、教育部会在教育部官网公开发布《学位授权点合格评估抽评结果》），可继续行使学位授权。

（2）抽评结果为"限期整改"的学位授权点（国务院学位委员会、教育部会在教育部官网公开发布《学位授权点合格评估抽评结果》），自下达通知之日起进行为期 2 年的整改，当年招生工作结束后暂停招生，整改结束后接受复评。

（3）学位授予单位自我评估结果为"不合格"的学位授权点（国务院学

位委员会、教育部会在教育部网站公开发布《学位授予单位自我评估结果为"不合格"的学位授权点名单》），现已完成整改的，当年根据有关安排接受复评。其他自我评估结果为"不合格"的学位授权点，在下达通知之日起进行为期 2 年的整改，当年招生工作结束后必须暂停招生，整改结束后接受复评。

（4）接受复评的学位授权点，复评结果认定为"合格"方可恢复招生；复评结果认定达不到"合格"的，撤销其学位授权。

（5）抽评结果为"不合格"的学位授权点（国务院学位委员会、教育部会在教育部网站公开发布《学位授权点合格评估抽评结果》），以及未开展自我评估的学位授权点（国务院学位委员会、教育部会在教育部网站公开发布《未开展自我评估的学位授权点名单》），自下达通知之日起撤销学位授权，并且 5 年之内不得重新申请。当年招生工作结束后不得招生，已在学的研究生按原渠道培养、授予学位。

2.3.1.2 专项合格评估

学位授权点专项评估是学位授权点合格评估的重要内容和组成部分，其程序如下：

2.3.1.2.1 制订专项合格评估工作方案

各学科评议组、各专业学位教育指导委员会按照国务院学位委员会、教育部《关于开展×××年学位授权点专项合格评估工作的通知》要求，根据各学科或专业学位类别实际，研究制订专项合格评估工作方案，在规定时间前报国务院学位委员会办公室，由国务院学位委员会办公室转发相关省、自治区、直辖市学位委员会和学位授予单位。专项合格评估工作方案中，有学科评议组确定的本学科专项合格评估指标体系，有各专业学位教育指导委员会确定的专项合格评估指标体系。这里分别以工商管理学科（学术学位）和会计硕士（专业学位）为例，介绍由工商管理学科评议组和全国会计专业学位研究生教育指导委员会制定的两种类别学位的某年的专项合格评估指标体系，如表 2.5 和表 2.6 所示，以供参考。

表 2.5　　工商管理一级学科学位授权点专项评估指标体系（学术学位硕士授权点）

一级要素	二级要素	三级要素	权重(%)	评价标准 80~100分	评价标准 60~79分	评价标准 60分以下	备注	评分
一、目标与标准	1. 培养目标	培养目标	4	培养研究生的目标明确，定位合理	培养研究生的目标比较明确，定位比较合理	培养研究生的目标不太明确，定位不太合理	该项指标，专家须结合评审材料的整体情况作出判断	
	2. 学位标准	学位标准	4	学位授予标准严格，内容完整，表述清晰，符合培养目标定位	学位授予标准明确，内容较完备，表述较清晰，比较符合培养目标定位	学位授予标准不够明确，与培养目标定位不相符，或未达到国务院学位委员会制定的《一级学科硕士学位基本要求》	
二、师资队伍	3. 师资规模和结构	教师数量和年龄结构	5	教师数量充足，年龄结构和学术梯队建设合理	教师数量比较充足，年龄结构和学术梯队建设比较合理	教师数量不足，年龄结构和学术梯队建设不合理	应综合考虑该学位授权点申报时的初始情况和发展现状。针对本学科点全体专任教师	
		师均指导学生数*	4	师均指导学生数<9	15>师均指导学生数≥9	师均指导学生数≥15	近3年硕士导师累计指导学生数量（人均）	
		教师学历、学位、专业技术职务	5	副高级及以上职称教师人数占比≥50%或有博士学位教师人数占比≥70%	50%>副高级及以上职称教师人数占比≥40%，或70%>博士学位教师人数占比≥40%	副高级及以上职称教师人数占比<40%或有博士学位教师人数占比<40%	职称和学位条件，二选一。针对本学科点全体专任教师	
	4. 师资水平	代表性骨干教师	5	骨干教师整体学术水平高，中青年骨干教师可持续发展能力强	骨干教师整体学术水平较高，中青年骨干教师可持续发展能力较强	骨干教师整体学术水平不高，中青年骨干教师学术能力不强	选取本学科中全体专任教师中的30%作为代表性骨干教师	

续表

一级要素	二级要素	三级要素	权重(%)	评价标准			备注	评分
				80~100分	60~79分	60分以下		
二、师资队伍	4. 师资水平	科研项目*	5	人均≥0.5项	0.5项>人均≥0.2项	人均<0.2项	近3年本学科硕士生导师人均主持省部级及以上科研项目	
		高水平论文	4	所列论文的他引次数和期刊影响因子整体较高	所列论文的他引次数和期刊影响因子整体一般	所列论文的期刊影响因子和他引次数整体较低	近3年本学科具代表性的高水平论文(含外文,不超过10篇)(限填本学科教师作为第一作者或通信作者的论文)	
		师均论文收录数	4	师均≥1.5篇	1.5篇>师均≥0.8篇	师均<0.8篇	被SCI、SSCI、EI、A&HCI、CSCD、CSSCI收录的论文	
		学术成果获奖	4	三等奖及以上≥2项	三等奖及以上=1项	无	近3年本学科所获省部级及以上科研或教学成果奖。该项若为"无",建议给0分	
		学术交流情况	2	会议次数≥2次	会议次数=1次	无	近3年本学科举办国际或国内学术会议次数。该项若为"无",建议给40分	
			2	人均次数≥0.8次	0.8次>人均次数≥0.3次	人均次数<0.3次	近3年本学科教师人均在国内外讲学或学术会议上作报告次数	

续表

一级要素	二级要素	三级要素	权重(%)	评价标准			备注	评分
				80~100分	60~79分	60分以下		
	5. 招生选拔	研究生考录比	4	考录比≥2.5	2.5>考录比≥1	考录比<1	考录比=报考人数/录取人数(近3年平均值)	
		生源保障措施	4	生源质量保障制度完善,生源选拔机制创新科学且有创新	生源质量保障比较完善,生源选拔较科学	生源质量保障制度不太完善	可考虑推免比例	
三、人才培养	6. 课程教学	人才培养方案、课程体系	5	有完善合理特色鲜明的人才培养方案;设计科学的课程体系;完整合理配备充足且高水平的师资教学团队,要件完备且教学效果良好	有比较完善的人才培养方案;设计比较科学的课程体系,完整;配备必要的核心课程的师资教学团队,教学效果较好	设计不合理的课程体系,师资队伍不整,配备不足,教学效果较差		
		课程教学质量和持续改进机制	3	有严格的保障课程质量的相关措施和管理办法且有效执行,课程教学评价优良	有一定的保障课程质量的相关措施和管理办法,课程教学评价良好	缺乏保障课程质量的相关措施或相关制度执行不到位,课程教学质量不高	保障课程质量的相关措施和管理办法包括评教制度、督导检查、听课制度、课程组建设、教师组培训项目等	
	7. 实习实践及学术训练	实习实践基地	3	有数量充足且长期稳定的实践基地或专业实践场所,能够很好满足实习实践要求	有数量比较充足且相对稳定的实践基地或专业实践场所,能够满足实习实践要求	实践基地或实践场所数量不足,难以满足实习实践要求		
		研究生参与学术训练的情况及其保障政策	3	每年定期为研究生开展丰富的学术活动,且有完善的制度保障和充足的经费支持	为研究生开展一定的学术活动,且有一定的制度保障和经费支持	为研究生开展的学术活动较少,或无相关制度保障和经费支持	学术活动包括学术讲座、科研讨论会或参加学术节、科研立项、参与导师课题研究等;经费支持包括经费的投入和使用情况	

续表

一级要素	二级要素	三级要素	权重（%）	评价标准			备注	评分
				80～100分	60～79分	60分以下		
三、人才培养	8. 学术交流	研究生参与国际国内学术交流的基本情况	2	参会次数≥0.4次	0.4次>参会次数≥0.2次	参会次数<0.2次	近3年研究生人均参加国际（国内）学术会议次数	
	9. 分流淘汰	研究生分流淘汰情况	2	有明确的分流淘汰机制及标准，并有效执行	有分流淘汰机制及标准	无明确的分流淘汰机制及标准	分流淘汰机制包括严格执行研究生中期考核制度不合格学生；通过硕博连读（预备）、直博生等制度分流学生	
	10. 优秀在校生	在校生在科研创新、社会实践、公益服务、竞赛、创业等方面突出成绩	2	在校生在科研创新、社会实践、公益服务、竞赛、创业等方面取得了突出成绩且实质性贡献大	在校生在科研创新、社会实践、公益服务、竞赛、创业等方面取得了一定成绩且实质性贡献较大	在校生在科研创新、社会实践、公益服务、竞赛、创业等方面取得了成效不显著或无实质性贡献	选取10名在校生作为优秀代表填报	
	11. 学位论文质量	学位论文在各类论文抽检中的情况和论文质量分析	4	有年度论文质量分析报告，在各类论文抽检中无问题	有年度论文质量分析报告，在各类论文抽检中存在问题的论文比例低于4%（含）	在各类论文抽检中存在问题的论文比例高于4%	主要针对近3年国务院学位办、省级学位办组织的论文抽检情况	
四、质量保证和教学支撑	12. 导师管理	导师队伍的选聘、培训、考核情况	3	有完善的选聘办法，明确的培训机制和严格的考核制度，并有效执行	有必要的选聘办法，相应的训机制和相应的考核制度，执行效果一般	选聘办法、考核制度不健全，执行效果较差		
		导师指导研究生的制度要求和执行情况	2	有明确的制度要求，并有效执行。立德树人，全面育人落实到位	有相应的制度要求，执行效果一般。立德树人，全面育人落实比较到位	缺乏必要的制度要求，执行效果较差，立德树人、全面育人落实不到位		

续表

一级要素	二级要素	三级要素	权重(%)	评价标准			备注	评分
				80~100分	60~79分	60分以下		
	13. 学风建设	科学道德、学术规范教育情况及学术不端行为处罚情况	3	有健全的关于学术规范的制度机制，开展了一系列宣讲教育活动，无学术风失范情况发生，对防范学术不端等制度严格，处理严肃	有相应的关于学术规范和应对的制度机制，开展了一系列宣讲教育活动，无重大范围发生，对防范学术不端制度较严肃	缺乏应对学术不规范行为的保障和应对的处理机制，几乎未开展宣讲教育活动，或出现了重大学术学风失范情况		
四、质量保证和教学支撑	14. 教学平台	支撑研究生学习、科学研和学术交流的平台情况	4	开设有支撑研究生创新能力的学习、科研和学术交流的平台，并有完善的制度保障和充足的经费支持	有支撑研究生学习、科研和学术交流的平台，并有一定的制度保障和经费支持	缺乏支撑研究生创新能力的学习、科研和学术交流的平台，必要的制度保障和经费缺乏		
	15. 奖助体系	研究生奖助体系的制度建设、覆盖面、奖助水平、覆盖率等情况	3	有完善的符合国家规定的研究生奖助体系和相应制度，奖助力度大，覆盖面高，盖率高	有符合国家规定的研究生奖助体系和制度，奖助力度较面较广，覆盖率较高	研究生奖助体系及制度度不完善，奖助力度比较低，比较低，覆盖面比较窄，覆盖率比较低		
五、特色与优势	16. 特色与优势	本学位授权点在学科方向设置、创新人才培养、推动经济社会发展等方面的特色、优势、贡献与影响	5	学科特色鲜明，在人才培养、科研与社会服务等方面有较强的优势，社会声誉好	学科特色比较鲜明，科研与社会服务等方面有一定优势，社会声誉良好	学科方向不清晰，特色与优势不明显	可选择其中任一方面进行描述，或突出其特色	

说明：
1. 各单项指标满分均为100分，按优良程度划分（80~100分）（60~79分）（60分以下）三个区间。总分为各单项指标得分按赋权重加权后的得分。各单项得分应为具体数值。
2. 近3年指从2016年1月1日~2018年12月31日。
3. "有"的指标，统计口径只包括本学科点具有硕士导师资格的教师。其他指标是针对本学科点所有专任教师。
4. 评判结果及合格标准：总分≥60分为合格；否则，视为不合格。

表2.6 会计硕士专业学位授权点专项评估指标体系（专业学位硕士授权点）

一级指标		二级指标	指标权重（%）	评价内容	评价标准			
					A类 85（含）~100分	B类 70（含）~85分	C类 60（含）~70分	D类 60分以下
一、人才培养（权重48%）	1	项目使命、愿景、规划	4	项目使命、愿景的合理性和挑战性，及规划的可实施性	使命定位准确，愿景具挑战性，规划可实施且具有创新性	使命定位基本准确，愿景基本合理，规划具有可实施性	使命定位不够准确，规划合理性欠缺，规划可实施性不足	未制定项目使命、愿景及规划
	2	人才培养目标及培养方案	4	人才培养目标的清晰准确性和培养方案的完善程度，参与制定者的广泛度及被理解程度	有准确清晰的人才培养目标及完善的培养方案，师生充分参与制定工作，被广泛认理解接受	人才培养目标基本准确，培养方案基本合理，师生在一定程度上参与制定工作，被大部分人理解接受	人才培养目标不清晰明确，培养方案不完善，有重要内容（如教学内容、教学方法等）缺失，仅被少部分人理解接受	未制订人才培养目标或培养方案
	3	课程设置及教学大纲	4	MPAcc项目按照会计教育指导委员会参评性培养方案要求及项目的培养目标开设课程，以及课程开发内容的情况及教学大纲情况	课程设置满足会计教育指导委员会考核性培养方案要求所有专业课程（包括专业必修课和专业限选课）制定了教学大纲，大纲中包含课程目标、知识点、评分体系，并通过课堂讲述、讨论、实验、实习等方式实现课程目标	课程设置满足会计教育指导委员会要求所有专业必修课、部分专业限选课制定了教学大纲，大纲中包含课程目标、知识点、评分体系，并通过课堂讲述、讨论、实验、实习等方式实现课程目标	课程设置基本满足会计教育指导委员会要求制定了专业必修课的教学大纲，大纲中包含课程目标、知识点、评分体系，并通过课堂讲述、讨论、实验、实习等方式实现课程目标	没有满足左述条件
	4	课程开发与建设	3	MPAcc项目针对培养要求的课程缺失部分进行课程开发以及对已开发课程进行建设的程序以及流程的情况	针对培养目标，拥有一套完整且有效的课程开发与建设流程，能够针对自身特点不足设置不断进行改善	针对培养目标，课程开发、建设流程合理，具备一定水平的课程开发能力	没有依据培养目标，只是基本能够进行课程的开发与建设	没有满足左述条件

续表

一级指标	二级指标		指标权重(%)	评价内容	A类 85(含)~100分	B类 70(含)~85分	C类 60(含)~70分	D类 60分以下
一、人才培养（权重48%）	5 教学方式		3	教学上是否能够依据培养目标，采用多样化的教学方式	所有专业课程（包括专业必修课和专业限选课）采用多样化或其他教学方法或案例化的实践教学方法	所有专业必修课和部分专业限选课采用案例化教学或其他多样的实践教学方法	一半以上专业限选课和部分专业限选课采用案例化教学或其他多样化的实践教学方法	没有满足左述条件
	6 教学班规模		3	MPAcc项目教学班级规模	教学班规模30~60人（含30人、60人）	教学班规模15~30人（含15人）或60~80人（含80人）	教学班规模8~15人（含8人）或80人以上	没有满足左述条件
	7 课堂外综合素质培养		3	在课堂外开展有助于提升学生综合素质能力的活动的情况	为MPAcc研究生提供课堂外综合素质培养活动的次数达12次（含）以上	为MPAcc研究生提供课堂外综合素质培养活动的次数达9次（含）以上	为MPAcc研究生提供课堂外综合素质培养活动的次数达6次（含）以上	没有满足左述条件
	8 招生选拔	(1)	2	自办学以来，平均的复试比例	平均复试比例≥130%	平均复试比例≥120%	平均复试比例≥110%	没有满足左述条件
		(2)	4	自办学以来，平均分数线（最低复试分数投档线）	平均的复试分数线高于全国MPAcc入学考试国家线的15%（含）以上	平均的复试分数线高于全国MPAcc入学考试国家线的10%（含）以上	平均的复试分数线高于全国MPAcc入学考试国家线的5%（含）以上	没有满足左述条件
	9 实习实践	(1)	4	培养单位实习基地的建设情况，研究生实习实践的时间	实习基地≥5个；研究生实习实践时间6个月及以上	实习基地≥3个；研究生实习实践时间6个月及以上	实习基地≥2个；研究生实习实践时间6个月及以上	没有满足左述条件

续表

一级指标（权重%）	二级指标		指标权重（%）	评价内容	评价标准			
					A 类 85（含）~100 分	B 类 70（含）~85 分	C 类 60（含）~70 分	D 类 60 分以下
	9	实习实践（2）	4	实习实践的有效性，其中评估专家组随机抽查不少于 10% 毕业学员的实习实践相关文档	有组织学生实习实践，研究生在实习前制定了详细的实习计划并能够按计划执行；实习结束后撰写了翔实、深入的实践总结报告；85% 及以上的研究生获得实习单位出具的实习鉴定意见为满意	基本有效组织学生实习实践，研究生在实习前制定了实习计划并能够基本按计划执行；实习结束后撰写了翔实的实践总结报告；70% 及以上的研究生获得实习单位出具的实习鉴定意见为满意	组织学生实习实践，研究生在实习前制定了实习计划；实习结束后撰写了实践总结报告；60% 及以上的研究生获得实习单位出具的实习鉴定意见为满意	没有满足左述条件
人才培养（权重 48%）	10	论文质量	10	评估专家组随机抽查已通过答辩论文总数 10% 的论文，其中，符合会计教育指导委员会发布的《会计硕士专业学位论文指导意见》要求、理论联系实际、写作规范、内容充实、并有一定新意、无抄袭等违反学术道德现象的论文比例	85%（含）以上	70%（含）~ 85%（不含）	60%（含）~ 70%（不含）	60%（不含）以下

续表

一级指标	二级指标		指标权重(%)	评价内容	评价标准			
					A类 85(含)~100分	B类 70(含)~85分	C类 60(含)~70分	D类 60分以下
	师德师风	11	3	教师风范中教师的师德修养及爱岗敬业精神	建立了完善的教师行为规范、师德师风评价机制;坚决执行落实师德师风建设任务,且取得良好成效;MPAcc教师爱国守法、敬业立学、立德树人、教书育人	建立了较为完善的教师行为规范、师德师风评价机制;执行落实师德师风建设任务一定成效;MPAcc教师爱国守法、敬业立学、立德树人、教书育人	初步建立了教师行为规范、师德师风评价机制;执行落实师德师风建设任务;MPAcc教师爱国守法、敬业立学	在师德师风建设及执行方面存在一定缺陷和不足;MPAcc教师中存在师德失范行为且造成严重后果
二、师资队伍(权重38%)	专职教师人数	12	4	目前在校MPAcc专职教师人数	20人以上(含)	15(含)~20人	10(含)~15人	不足10人
	专职教师生师比	13	6	目前在校MPAcc学生总数与项目专职教师的比例	≤10	≤15	≤20	>20
	校外实践导师生师比	14	4	目前在校MPAcc学生总数与项目校外实践导师的比例	≤5	≤7	≤9	>9
	师资结构	15	4	所有MPAcc专职教师中,副高级及以上职称的比重和有博士学位的比重	博士学位比重≥60%且职称比重≥60%	博士学位比重≥50%且职称比重≥50%	博士学位比重≥40%且职称比重≥40%	没有满足左述条件
	师资配备	16	4	MPAcc课程师资配备情况	每门专业必修课和专业限选课至少配备2名教师,且每名教师为同一班上课只有1门	每门专业必修课至少配备2名教师,且每名教师为同一班上课只有1门	部分专业必修课至少配备2名教师,且每名教师为同一门课不超过2门	没有满足左述条件

续表

一级指标	二级指标		指标权重（%）	评价内容	评价标准			
					A 类 85（含）~100 分	B 类 70（含）~85 分	C 类 60（含）~70 分	D 类 60 分以下
二、师资队伍（权重 38%）	17	师资实践经验	4	所有 MPAcc 专职教师中有实际业务部门工作经验、主持过实际业务部门的相关横向课题、担任企业顾问或独立董事的教师比例	≥70%	50%（含）~70%（不含）	40%（含）~50%（不含）	<40%
	18	教学案例开发	5	入选全国 MPAcc 教学案例库、哈佛案例库、全国毅伟案例库、全国 MBA 教学案例库或自开发的案例数量	入选全国 MPAcc 教学案例库、哈佛案例库、全国毅伟案例库、全国 MBA 教学案例库的案例数量≥3	入选全国 MPAcc 教学案例库、哈佛案例库、全国毅伟案例库、全国 MBA 教学案例库的案例数量≥2	入选全国 MPAcc 教学案例库、哈佛案例库、全国毅伟案例库、全国 MBA 教学案例库的案例数≥1	拥有一定数量的自开发案例，且适合于 MPAcc 案例教学使用
	19	师资培训	4	所有 MPAcc 专职教师中参加会计教指委组织的培训或参加校外相关的进修、课程研讨、关于 MPAcc 教育的交流活动情况及出国进修情况	平均每人参加 1 次（含）以上	平均每人参加 1/2（含）到 1 次（不含）	平均每人参加 1/3（含）到 1/2 次（不含）	平均每人参加 1/3 次以下
三、质量保障（权重 14%）	20	教学评估与激励	4	教学效果评估情况以及相应的激励措施	能够通过教师满意度评估、课程满意度评估等手段全面地评估教学效果，并对教师进行教学效果、教学改革和创新以及教学效果优异者给予有效的激励	能够较全面地评估教学成果，并对教师的教学改革和创新以及教学效果优异者给予激励	能够进行基本的教学效果的评估	没有或极少进行教学评估

续表

一级指标	二级指标	指标权重（%）	评价内容	评价标准			
				A类 85（含）~100分	B类 70（含）~85分	C类 60（含）~70分	D类 60分以下
	21. 专门机构与专门场地	3	MPAcc 项目机构、人员、办公场地	设立有独立的MPAcc项目机构，有专用专职办公场地并配备工作负责人及工作人员	未设立独立的MPAcc项目机构，有专用专职办公场地并配备工作人员	未设立独立的MPAcc项目机构，有专用专职办公场地并配备专职工作人员	没有满足左述条件
三、质量保障（权重14%）	22. 经费支持	4	MPAcc 项目经费分配与投入情况	针对项目管理独立管理的项目经费占学费总收入的比例≥50%；针对项目经费非独立管理的培养单位：项目经费占学费总收入的比例≥40%	针对项目经费独立管理的培养单位：40%≤项目经费占学费总收入的比例<50%；针对项目经费非独立管理的培养单位：30%≤项目经费占学费总收入的比例<40%	针对项目经费独立管理的培养单位：30%≤项目经费占学费总收入的比例<40%；针对项目经费非独立管理的培养单位：20%≤项目经费占学费总收入的比例<30%	针对项目经费独立管理的培养单位：自留比例<30%；针对项目经费非独立管理的培养单位：自留比例<20%
	23. 网络平台建设	3	网络平台建设情况及实验条件	设立了相关网络平台，能够实现基本信息传递功能、基本的辅助教学功能和完备的互动教学管理功能；设立了实验室供学生实验	设立了相关网络平台，能够实现基本信息传递功能和基本的辅助教学功能	设立了相关网络平台，仅能够实现基本信息传递功能	未设立相关网络平台

2.3.1.2.2 参评单位自我评估

各参评单位按照文件要求和评估工作方案进行自我评估，再按要求撰写自我评估总结报告［这里以工商管理学科（学术学位）为例，式样如图 2.5 所示，专业学位与之相类似，在此不再赘述］，并于规定时间前将自我评估总结报告和其他有关材料（有关的教学、科研资料及管理文件汇编、学位授权点基础数据信息表）上传至"全国学位与研究生教育质量信息平台"（http：//zlxxpt. chinadegrees. cn）向社会公开，并同时发送至本学科评议组秘书处电子邮箱。

2.3.1.2.3 组织专家评审

学科评议组根据本学科学位授权点专项合格评估工作方案和学位授予单位上传质量信息平台的有关材料，组织学科评议组成员对各参评单位的学位授权点进行评议（评议主要采取通讯评议或会议评议方式进行，确有必要的，在经国务院学位委员会办公室同意后进行实地考察）。在此基础上，组织参评专家对各参评点进行表决，表决结果分为"合格"与"不合格"。依据评议情况和表决意见，形成初步评估结果，并提出处理建议。

2.3.1.2.4 评议意见反馈

学科评议组将专家评议意见反馈参评单位，对评估结果存有异议的参评单位，需在收到评估结果反馈后 7 个工作日内，对学科评议组评议意见提出异议并提供佐证材料。

2.3.1.2.5 专家复核和评议

学科评议组组织专家进行复核和评议，复核结果在收到异议 30 个工作日内送达参评单位，并形成最终评估结果。

学位授权点自我评估总结报告（硕士）

学位授予单位　名称：＿＿＿＿＿＿＿＿
　　　　　　　　代码：＿＿＿＿＿＿＿＿

授　权　学　科　名称：＿＿＿＿＿＿＿＿
　　　　　　　　代码：＿＿＿＿＿＿＿＿

授　权　级　别　□　博　士
　　　　　　　　□　硕　士

202X 年　月　日

（a）

编 写 说 明

一、本报告是学位授权点经过自我评估的全面总结，分为两个部分：学位授权点基本情况和持续改进计划。

二、封面中单位代码按照《高等学校和科研机构学位与研究生管理信息标准》（国务院学位委员会办公室编，2004 年 3 月北京大学出版社出版）中教育部《高等学校代码》（包括高等学校与科研机构）填写；学位授权点的学科名称及代码按照国务院学位委员会和教育部 2011 年印发的《学位授予和人才培养学科目录》填写，只有二级学科学位授权点的，授权学科名称及代码按照国务院学位委员会和原国家教育委员会1997 年颁布的《授予博士、硕士学位和培养研究生的学科、专业目录》填写；同时获得博士、硕士学位授权的学科，授权级别选“博士”；只获得硕士学位授权的学科，授权级别选“硕士”。

三、本报告采取写实性描述，能用数据定量描述的，不得定性描述。定量数据除总量外，尽可能用师均、生均或比例描述。报告中所描述的内容和数据应确属本学位点，必须真实、准确，有据可查。

四、本报告的各项内容须是本学位点近 3 年来的情况（2018.01.01-2021.12.31）。

五、除特别注明的兼职导师外，本报告所涉及的师资均指目前人事关系隶属本单位的专职人员（同一人员原则上不得在不同学术学位点重复填写）。

六、本报告中所涉及的成果（论文、专著、专利、科研奖励、教学成果奖励等）应是署名本单位，且同一人员的同一成果不得在不同学术学位点重复填写。引进人员在调入本学位点之前署名其他单位所获得的成果不填写、不统计。

七、涉及国家机密的内容一律按国家有关保密规定进行脱密处理后编写。

八、本报告正文使用四号宋体，字数不超过 8000 字，纸张限用 A4。

I

（b）

一、学位授权点基本情况

【本部分由学位授权点根据《工商管理学科学位授权点专项评估指标体系》的主要内容进行编写，但不局限于其中所列的主要内容。编写时应体现本学位授权点的特色和人才培养水平，相关数据统计、清单列表使用图表表示，见附表。】

二、持续改进计划

【针对存在的问题，提出本学位授权点的持续改进计划，包括未来一段时间的发展目标和保障措施。】

附表： 1. 本学科教师统计表
2. 本学科教师情况汇总表
3. 本学科代表性骨干教师情况表
4. 本学科教师近三年主持的省级及以上科研项目清单
5. 本学科研究生指导教师近三年发表代表性的高水平论文（含外文）
6. 本学科教师近三年发表论文被收录情况
7. 本学科研究生指导教师近三年所获省部级及以上科研或教学成果奖（三等奖及以上）清单
8. 近三年举办国际或国内大型学术会议表
9. 近三年本学科研究生指导教师在国内外讲学或学术会议上做报告情况表
10. 近三年本学科研究生招生和授予学位情况汇总表
11. 本学科核心课程教学情况表
12. 研究生参与实习实践情况表
13. 研究生参与学术活动情况表
14. 研究生参与学术训练情况表
15. 近三年研究生参加国际（国内）学术会议情况表
16. 近三年研究生学位论文信息统计表
17. 优秀在校生情况表
18. 近三年研究生学位论文抽检存在问题情况统计表
19. 研究生奖助体系情况汇总表

2

（c）

图 2.5　工商管理学科（学术学位）自我评估总结报告

2.3.1.2.6 上报最终评估结果

学科评议组将评估结果（附原始表决结果）、评估意见和处理建议形成评估报告，于规定时间前报国务院学位委员会办公室。经国务院学位委员会审批通过后在教育部网站发布《学位授权点专项合格评估处理意见》，处理意见一般有如下几种情况：

（1）处理意见为"继续授权"的学位授权点，可继续行使学位授权。

（2）处理意见为"限期整改"的学位授权点，自下达通知之日起进行为期 2 年的整改，当年招生工作结束后必须暂停招生。整改结束后接受复评，复评结果认定为"合格"的方可恢复招生，复评结果认定为"不合格"的撤销其学位授权。

（3）学位授予单位主动提出放弃授权的学位授权点（国务院学位委员会公开公布《学位授予单位主动提出放弃授权的学位授权点名单》）和处理意见为"撤销授权"的学位授权点，自下达通知之日起撤销学位授权，5 年之内不得重新申请，当年招生工作结束后不得招生，已在学的研究生按原渠道继续培养、授予学位。

2.3.2 学科水平评估

自 2002 年开始，教育部学位与研究生教育发展中心对全国具有博士学位授予权、硕士学位授予权的一级学科进行的整体水平评估，简称"学科评估"。此项工作至今已完成四轮评估（第一轮学科评估 2002 年开始，2004 年结束；第二轮学科评估 2006 年开始，2009 年结束；第三轮学科评估 2012 年开始，2013 年结束；第四轮学科评估 2016 年开始，2017 年结束）。2020 年 11 月，教育部学位中心公布了《第五轮学科评估工作方案》，宣布将启动第五轮学科评估工作。

2016 年开始，教育部学位与研究生教育发展中心开展"专业学位水平评估"。教育部学位与研究生教育发展中心开展的"学科评估"侧重于学术型学位，专业学位水平评估是"学科评估"的专业学位部分。

2.3.2.1　学术学位学科评估

教育部学位与研究生教育发展中心于 2020 年 11 月 3 日在教育部网站公布《第五轮学科评估工作方案》①，标志着第五轮学科评估开始。

2.3.2.1.1　第五轮学科评估的特点

根据《第五轮学科评估工作方案》，与前四轮学科评估相比体现出如下特点：

1. 学科评估的传承。

第五轮学科评估是前四轮学科评估的传承与发展，在组织方式、逻辑框架、核心指标、评价方式、评估结果五方面仍然保持前四轮的优良传统。这优良传统的继承是对历次评估成功的肯定，也是学科评估的权威性、重要性和声誉依赖度的体现，更是中国特色的评估文化形成的必由之路。

这五项传承分别为：一是学科评估的组织方不变；二是学科评估的逻辑框架不变；三是学科评估的核心指标不变；四是学科评估的评价方式不变；五是评估结果的发布形式不变。②

2. 学科评估的创新。

（1）评价理念方面。本轮学科评估的评价理念由科学主义向建构主义转变。学科评估是一个社会过程，必须超越科学主义评价范式，引入倡导协商性建构主义评估范式。

（2）指标体系方面。本轮学科评估的指标体系由"五唯"（即唯论文、唯帽子、唯职称、唯学历、唯奖项）向多维转变。在学科评估中，将人才培养质量放在首位，突出人才培养的重要性，尤其增加了思想政治教育，增加了在校生代表性成果等指标，进行多元化、多维度人才质量评价；评价教师突出师德师风成效，不唯学历和职称，不设置人才"帽子"指标，避免只以

---

① 第五轮学科评估工作方案 ［EB/OL］. http：//www. moe. gov. cn/jyb_xwfb/moe_1946/fj_2020/202011/t20201102_497819. html，2020 – 11 – 03.

② 杨卫. 融合专家判断与客观数据的学科评估 ［EB/OL］. http：//www. moe. gov. cn/jyb_xwfb/moe_2082/zl_2020n/2020_zl58/202011/t20201103_498058. html，2020 – 11 – 03.

学术头衔评价学术水平的片面做法，进行多元化、多维度师资成效评价。评价科研水平不唯论文和奖项数量，主要突出论文质量，设置"代表性学术著作""成果转化""创新研发""创新实践"等指标，进行多元化、多维度科研成效评价。社会服务与学科声誉评价增加国际声誉评价，综合评审学科在国际与国内的影响力，进行多维度社会和国际服务成效评价。这都充分体现了多维评价的原则。

（3）评价方法方面。本轮学科评估的评价方法由"定量"评价向"融合性"评价转变。评价过程中一定要把握好"定量"和"定性"的关系，充分运用"融合评价"，并建立专家"元评价"制度，坚持代表性成果专家评价和高水平成果定量评价相结合，这充分体现了多元性评价思想。

（4）评估结果呈现方面。评估结果中继续深化评估信息，向政府和参评单位提供诊断分析服务，提出诊断式评议意见，促进学科内涵式和高质量发展，真正做到"以评促改、以评促建、评建共举、重在内涵"。

2.3.2.1.2　五轮学科评估指标体系的历史变迁

学科评估指标随着国家政策导向与学科发展需求而不断发展变化。

1. 在指标分类方面。

第一轮学科评估体系和第二轮学科评估体系参考了国家学位授权审核的条件指标，都采用"学术队伍""科学研究""人才培养""学术声誉"四个一级指标，在二级指标方面还是有较大的出入。第三轮学科评估体系将四个一级指标的名称变动为"师资队伍与资源""科学研究水平""人才培养质量""学科声誉"，进一步突出"质量、成效、特色"，在"学生评价、论文评价、科研评价、特色评价"等方面进行改革创新。第四轮学科评估体系在保持其他三个一级指标不变动的情况下，将"学科声誉"替换为"社会服务与学科声誉"，能够充分体现不同地区、不同类型单位服务经济建设、社会发展和科技进步的特色与贡献。第五轮学科评估体系在保持四个一级指标内容不变动的情况下，将"人才培养质量"放在首位，强化人才培养的中心地位，在二级指标方面将思想政治教育放在人才培养首位，强化为党育人为国育才的初心使命，重点突出"三全育人"综合改革情况及成效；还把师德师风作为评价教师的第一标准，坚持教书和育人相结合，促进师德与师能相统一。具体变化情况，按一级指标比较如表 2.7 ~ 表 2.10 所示。

表 2.7   师资队伍指标五轮变化对比

轮次	一级指标	二级指标	三级指标或指标说明
第一轮	学术队伍	博士学位教师数量	暂未公布
		硕士学位教师人数	暂未公布
		院士人数	暂未公布
		长江学者人数	暂未公布
第二轮	学术队伍	教师情况	专职教师及研究人员总数
			具有博士学位人员占专职教师及研究人员比例
		专家情况	中国科学院、工程院院士数（仅对设立院士的学科门类）
			长江学者、国家杰出青年基金获得者数
			百千万人才工程一二层次入选者、教育部跨世纪人才、新世纪人才数
第三轮	师资队伍与资源	专家团队	两院院士及各种杰出称号；体育学科还包括规定范围内的优秀运动员、教练员、裁判员等
		生师比	博士、硕士授权学科分别考虑。生师比过高或过低均不为最佳状态，最佳区间的划分由各学科专家确定。主要强调导向，此指标设"区间"，比例在一定区间内均为满分，不按规模的增大递增得分。本学科专职教师和研究人员总数
		专职教师总数（设置上限）	本学科人事关系在本单位的专职教师和研究人员总数
		重点学科数	国家重点学科数、省级重点学科数
		重点实验室数	国家级和省部级重点实验室、基地、中心数等
第四轮	师资队伍与资源	师资质量	提供师资队伍基本情况；提供 25 名骨干教师（其中青年教师不少于 10 名）情况（年龄、学科方向、学术头衔、学术兼职等情况）和团队情况，由专家对师资队伍的水平、结构、国际化情况等进行综合评价
		师资数量（设置上限）	本学科专任教师总数。此指标设置"上限"，超过"上限"均为满分

轮次	一级指标	二级指标	三级指标或指标说明
第四轮	师资队伍与资源	支撑平台（重点实验室、基地、中心）	（1）国家实验室及其他各种级别实验室 （2）教育部重点实验室、教育部工程技术中心、教育部国际合作联合实验室 （3）其他省部级与国防重点实验室、基地、中心
第五轮	师资队伍与资源	师资队伍	师德师风建设成效，考察师德师风建设机制与成效
			师资队伍建设质量。包括师资队伍结构质量和代表性教师质量，师资队伍结构包括年龄结构、学历结构、职称结构、学缘结构、生师比等。"学科方向"列举 10～30 名（不同学科数量要求不同）代表性骨干教师的年龄、职称、国内外学术组织任职、学术水平、工作年限、年均课时数等信息，并规定代表性教师中，45 岁以下青年教师不少于 1/3
		平台资源	（1）支撑平台：国家级平台、教育部平台、国防重点学科实验室及其他 5 项代表性支撑平台（实验室、基地、中心等） （2）重大仪器情况：本学科购置或研制的、单台（套）价值最高的 5 项重大仪器设备与实验装置（部分学科）

表 2.8　　　　　　　　科学研究指标五轮变化对比

轮次	一级指标	二级指标	三级指标或指标说明
第一轮	科学研究	科研基础	国家重点学科数、国家重点实验室数、国防重点实验室数、国家工程（技术）研究中心数
			省部级重点学科数、省部级重点实验室数、省部级工程（技术）研究中心数
			教育部人文社科重点研究基地数（部分学科）
		获奖、专利情况	国家一、二等奖数/国家社科基金项目优秀成果一、二、三等奖数
			省部级一、二等奖数/中国高校人文社科研究优秀成果一、二、三等奖数
			获中华医学科技奖一等奖数（部分学科）
			获发明专利数（部分学科）

续表

轮次	一级指标	二级指标	三级指标或指标说明
第一轮	科学研究	发表学术论文、著作情况	在国内核心期刊发表学术论文篇数，人均在国内核心期刊发表学术论文篇数
			SSCI、AHCI、SCI、EI 收录论文篇数，人均 SSCI、AHCI、SCI、EI 收录论文篇数（分不同学科）
			出版专著数
		科研项目情况	近 3 年国家级科研项目经费、近 3 年人均科研经费、近 3 年国际合作科研项目经费
第二轮	科学研究	科研基础	国家重点学科及其他国家级实验室或中心
			省部级重点学科、省部级重点实验室、省级人文社科基地数
		获奖专利	获国家自然科学奖数、国家技术发明奖数、国家科学技术进步奖数、教育部高校人文社科优秀成果奖数
			获省级自然科学奖数、省级技术发明奖数、省级科学技术进步奖数及"最高奖"、省级哲学（人文）社科优秀成果奖数
			获中华医学科技奖、中华中医药科技奖数（部分学科）
			获发明专利数（部分学科）
		论文专著	CSCD 或 CSSCI 收录论文数，人均 CSCD 或 CSSCI 收录论文数
			SCI、SSCI、AHCI、EI 及 MEDLINE 收录论文数，人均 SCI、SSCI、AHCI、EI 及 MEDLINE 收录论文数
			出版学术专著数
		科研项目	境内国家级科研项目经费
			境外合作科研项目经费
			境内国家级及境外合作科研项目数
			人均科研经费

续表

轮次	一级指标	二级指标	三级指标或指标说明
第三轮	科学研究与创作	代表性学术论文质量	近 5 年若干篇代表性论文的"他引次数和"（ESI 高被引论文加分） 近三年在 *Science* 或 *Nature* 上发表论文数，"计算机类"学科同时统计在"A 类会议"上发表论文数
		人均发表论文数	（部分学科）
		专著/专利情况	专著仅统计"著"的情况；专利仅统计已转化或应用的发明专利和国防专利数
		代表性科研项目情况	（1）国家级项目、国防/军队项目、境外合作项目及省部级项目情况 （2）30 项其他重要科研项目情况
		科学研究获奖	国家级和省部级科研奖励
		创作设计获奖	代表性艺术创作成果获得国际国内重要奖项（仅对艺术学门类、"建筑类"学科）
第四轮	科学研究水平（含教师和学生）	科研成果	学术论文质量： ESI 高被引论文及在 A 类期刊/会议上发表的论文，扩展版 ESI 高被引论文（统计至前 3%），师均在 SSCI、A & HCI、CSCD、CSSCI 来源期刊及补充期刊上发表论文或作品数
			出版专著：近 4 年出版的学术专著（包括著、译著、编著）；入选国家社科文库或被翻译为外文的专著加分
			出版教材：近 4 年出版的"十二五"国家级规划教材（部分学科）
			专利转化： （1）近 4 年获得授权并已转化或应用的发明专利与国防专利（需提供转让合同或应用证明等）（部分学科） （2）近 4 年经国家审定通过的农作物新品种、林木良种、畜禽新品种（部分学科） （3）近 4 年获批的新农药（需提供农药登记证）和新兽药（需提供新兽药注册证书）（部分学科） （4）近 4 年获批的新药（需提供新药证书国药准字）（部分学科）

轮次	一级指标	二级指标	三级指标或指标说明
第四轮	科学研究水平（含教师和学生）	科研获奖	（1）国家自然科学奖、技术发明奖、科技进步奖 （2）教育部高校科研成果奖（科学技术、人文社科）、国防科学技术奖 （3）省级科研获奖、国家民委民族问题研究成果奖及其他同级别奖项
		科研项目	（1）国家社会科学基金、全国教育科学规划课题及其他同级别项目 （2）国防基础科研计划及其他同级别项目
第五轮	科学研究（与艺术/设计实践）水平	科研成果（与转化）	学术论文质量：5项标志性学术成果
			学术著作质量：本学科代表性著作
			专利转化情况：发明专利（含国防专利和国际专利）的实施转化数和实施转化平均到账金额
			新品种研发与转化情况：国家或省级审定的农作物品种、林木良种，国家授权的植物新品种，国家审定的畜禽新品种、新饲料和饲料添加剂、水产新品种、草品种研发与转化情况（部分学科）
			新药研发情况：新批准或注册的新农药、新兽药和新药（部分学科）
		科研项目与获奖	科研项目情况： （1）国家自然科学基金、国家社科基金、国家科技重大专项、国家重点研发计划等 （2）中央和国家机关委托项目、有关行业和重要企业委托项目等 （3）武器装备型号项目等
			科研获奖情况： （1）国家自然科学奖、技术发明奖、科技进步奖 （2）教育部高校科研优秀成果奖、国防科学技术奖、军队科技进步奖（二等奖及以上）、中国专利奖（银奖及以上） （3）省级自然科学奖、技术发明奖、科技进步奖，重要国际奖、学会协会奖、社会奖等
		艺术实践成果	艺术实践成果：艺术创作、展示、演出作品
		艺术/设计实践项目与获奖	艺术/设计实践项目：国家艺术基金、重要委约和委托项目等；建筑设计实践项目
			艺术/设计实践获奖：艺术创作、展示、演出获奖等；建筑设计实践获奖

表 2.9 人才培养指标五轮变化对比

轮次	一级指标	二级指标	三级指标或指标说明
第一轮	人才培养	获优秀教学成果奖情况	国家级特等奖数、一等奖、二等奖
		学生情况	授予博士学位数、授予硕士学位数、目前在校攻读博士、硕士学位的留学生数
		研究生人均发表论文数	3 年内研究生人均发表论文数
		全国优秀博士论文	全国优秀博士论文数
第二轮	人才培养	奖励情况	获国家优秀教学成果奖数
			获全国优秀博士学位论文数
		学生情况	授予博士学位数、授予硕士学位数、目前在校攻读博士、硕士学位的留学生数
第三轮	人才培养	学位论文质量	全国优秀博士学位论文、提名论文数
			全国博士学位论文抽检情况
		学生国际交流情况	学生赴境外交流或联合培养的人数
			授予境外学生学位数
		学生体育比赛获奖	在校学生在校期间获得世界和全国比赛单项前三名或团体前六名的奖项数（部分学科）
		授予博士/硕士学位数	设置上限
		教学成果奖数	国家级和省级优秀教学成果奖数
		教材质量	"十一五"国家级规划教材（含"国家精品教材"）数；"优秀案例"（部分学科）
		优秀在校生及毕业生	提供规定数量的优秀在校学生及毕业生，由学科专家及用人单位进行主观评价
第四轮	人才培养质量	培养过程质量	课程教学质量： (1) 国家级教学成果奖、研究生教育成果奖、省级（按省做标准化处理）及军队教学成果奖 (2) 国家级精品视频公开课、国家级精品资源共享课、教育部来华留学英语授课品牌课
			导师指导质量（试点指标）：对在校生进行问卷调查，考察导师对学生的指导情况
			学生国际交流情况

续表

轮次	一级指标	二级指标	三级指标或指标说明
第四轮	人才培养质量	在校生质量	学位论文质量：全国博士学位论文抽检情况
			优秀在校生竞赛获奖或科研情况
			授予学位数：授予博士和硕士学位人数。此指标设置"上限"，超过"上限"均为满分
		毕业生质量	优秀毕业生：毕业生的总体就业情况（就业率、就业去向、就业质量等），近15年优秀博士、硕士毕业生
			用人单位评价（试点指标）：毕业生及其工作单位联系方式，网上满意度调查等
第五轮	人才培养质量	思政教育	在课程思政改革、社会实践开展、意识形态阵地管理、基层党组织建设、思政队伍建设等
		培养过程	出版教材质量：代表性教材
			课程建设与教学质量： （1）研究生主要课程、国家级一流课程、课程教学改革与质量督导 （2）国家级教学成果奖、中国学位与研究生教育学会研究生教育成果奖以及军队教学成果奖、省级教学成果奖等 （3）学生对课程设置与教学质量的满意度
			科研（与实践）育人成效：科研（与实践）训练对学生学术道德和科研（与实践）能力
			学生国际交流情况：学生在校期间赴境外联合培养或攻读学位，参加重要国际会议（或其他重要学术活动）以及来华留学生来源国家和高校的分布情况
		在校生	在校生代表性成果：代表性在学成果
			学位论文质量：全国博士学位论文抽检情况
		毕业生	学生就业与职业发展质量： （1）就业率 （2）学生就业去向、签约单位类型和地域分布、艰苦地区和基层就业情况 （3）代表性毕业生的职业发展情况
			用人单位评价：毕业生职业道德和职业胜任力

表 2.10 社会服务与学科声誉指标五轮变化对比

轮次	一级指标	二级指标	三级指标或指标说明
第一轮	学术声誉	学术声誉	学术声誉
第二轮	学术声誉	学术声誉	学术声誉
第三轮	学科声誉	学科声誉（含学术声誉、社会贡献、学术道德等）	学术声誉、社会贡献、学术道德等印象
第四轮	社会服务与学科声誉	社会服务贡献	社会服务特色与贡献：提供学科在经济建设、社会发展和科技进步方面的主要贡献及典型案例。例如：弘扬我国优秀传统文化，促进社会精神文明建设
		学科声誉	同行和行业专家参考《学科简介》（包括本学科的定位与目标、优势与特色、人才培养目标、学科方向设置、国内外影响等），对学术声誉和学术道德等进行评价
第五轮	社会服务与学科声誉	社会服务	(1) 文化传承创新与人才智库作用 (2) 科技成果转化应用与解决关键核心技术
		学科声誉	国内声誉：参考《学科简介》，对学科声誉进行评价
			国际声誉：参考《学科简介（英文版）》，对国际声誉进行评价

2. 在学科分类方面。

第一轮学科评估指标体系分为"人文社科类""理学类""工学类""农学类""医学类"等 5 类，各门类指标体系在保持基本结构一致的前提下，同一指标不同门类拥有自己特色的指标项。第二轮学科评估指标体系分为"人文社科""理学""工学""农学""医学""管理学"等 6 类，各门类指标体系在保持基本结构一致的前提下，同一个指标不同门类拥有自己特色的指标项。第三轮学科评估指标体系共设置"人文社科类""理工农医门类""计算机类""管理与统计类""艺术学门类""建筑类""体育学学科"等 7 套指标体系框架。第四轮学科评估进一步按学科门类细化分类设置，共设置"哲学、文学、历史学门类""经济学、法学、教育学门类""理学、工学门类（不含统计学学科）""农学门类""医学门类""管理学门类与统计学学科""艺术学门类""体育学学科""建筑学、城乡规划学、风景园林学学科"等9套指标体系框架，每个一级学科设置不同的权重。对于评估学科分类更为细化，也更能够对学科展开特色与个性化评估。第五轮一级学科分别设置99套指标体系，学科分类更为细化，对学科展开特色与个性化评估更科学。

2.3.2.1.3　第五轮学科评估评审程序①

最近一次学科评估程序可按如下程序进行，以供参考。

1. 公布学科评估工作方案。

教育部发布通知，公布由教育部学位与研究生教育发展中心制定的《第五轮学科评估工作方案》和《第五轮学科评估邀请函》，要求各学位授予单位参加学科评估。

2. 学位授予单位自愿申请。

各学位授予单位具有博士、硕士学位授予权（包括一级学科和二级学科授权）的一级学科（军事学门类和"公安学""公安技术"学科除外），均可按规则自愿申请参评。各授予单位成立"学科评估工作领导小组"负责学科评估整体工作。

3. 信息采集。

请各学科参照《第五轮学科评估指标体系框架》（如表2.11所示）和《〈第五轮学科评估指标体系框架〉说明》登录评估系统（https：//zlxxpt. chinadegrees. cn/），完成填报《学科简况表》、问卷调查对象信息和境外同行专家信息等，并提交学科授予单位审核。学科授予单位内部分类审核参评学科的《学科简况表》，并对评估系统生成的《参评数据汇总表》逐项确认。经各职能部门审核确认无误后，学科授予单位在线提交，并通过评估系统打印《参评学科汇总表》，签字盖章后将扫描件上传至评估系统。

---

① 第五轮学科评估工作方案［EB/OL］. http：//www. moe. gov. cn/jyb_xwfb/moe_1946/fj_2020/202011/t20201102_497819. html，2020－11－03.

表 2.11　　　　　　　　　第五轮学科评估指标体系框架

一级指标	二级指标	三级指标
A. 人才培养质量	A1. 思政教育	S1. 思想政治教育特色与成效
	A2. 培养过程	S2. 出版教材质量
		S3. 课程建设与教学质量
		S4. 科研育人成效
		S5. 学生国际交流情况
	A3. 在校生	S6. 在校生代表性成果
		S7. 学位论文质量
	A4. 毕业生	S8. 学生就业与职业发展质量
		S9. 用人单位评价（部分学科）
B. 师资队伍 与资源	B1. 师资队伍	S10. 师德师风建设成效
		S11. 师资队伍建设质量
	B2. 平台资源	S12. 支撑平台和重大仪器情况（部分学科）
C. 科学研究 （与艺术/设计 实践）水平	C1. 科研成果（与转化）	S13. 学术论文质量
		S14. 学术著作质量（部分学科）
		S15. 专利转化情况（部分学科）
		S16. 新品种研发与转化情况（部分学科）
		S17. 新药研发情况（部分学科）
	C2. 科研项目与获奖	S18. 科研项目情况
		S19. 科研获奖情况
	C3. 艺术实践成果	S20. 艺术实践成果（部分学科）
	C4. 艺术/设计实践项目与获奖	S21. 艺术/设计实践项目（部分学科）
		S22. 艺术/设计实践获奖（部分学科）
D. 社会服务与 学科声誉	D1. 社会服务	S23. 社会服务贡献
	D2. 学科声誉	S24. 国内声誉调查情况
		S25. 国际声誉调查情况（部分学科）

注：按一级学科分别设置 99 套指标体系，各学科按学科特色分别设置 17 ~ 21 个三级指标。

4. 信息核查和公示。

教育部学位与研究生教育中心组织相关人员对各学科授予单位提交的材料进行形式审查、信息逻辑检查、公共数据比对、证明材料核查、重复数据筛查、重点数据抽查、学科归属分析等 7 项措施，对评估信息进行全面核查和"清洗"。在确保信息安全的前提下，对部分评估信息进行网络公示，由参评单位相互监督并提出异议。

5. 反馈复核。

在信息审查和公示的基础上，教育部学位与研究生教育中心形成《关于第五轮学科评估信息核查与公示异议结果反馈的函》，对信息核查和公示中发现的存疑问题反馈给各学位授予单位。

6. 反馈意见处理。

各参评单位登录"学科评估信息管理系统"查看信息审查和公示结果及公示异议发现的问题，包括"拟删除数据""拟修改数据""存疑数据"以及"拟删除数据""拟修改数据"等处理意见。各参评单位按规定时间逐条给出处理意见，并提交相关证明材料或情况说明。

7. 专家评价。

教育部学位与研究生教育中心组织相关专家对各定性评价指标进行逐项评价。

8. 问卷调查。

通过网络调查平台对专家、学生和用人单位进行问卷调查。

9. 结果形成与发布。

由教育部学位与研究生教育中心在官网（https：//www. cdgdc. edu. cn/dslxkpgjggb/）按照分类分档发布总体评估结果。

10. 深入诊断分析。

在评估结果中继续深入挖掘，为参评学科和学科授予单位提供诊断分析服务，提出诊断式评议意见，以促进学科内涵式和高质量发展；为政府部门提供总体分析研究报告，发挥评估智库作用。

2.3.2.2 专业学位水平评估

2.3.2.2.1 专业学位水平评估的历史背景

专业学位研究生教育是培养高层次应用型专门人才的主渠道，是研究生教育的重要组成部分。我国专业学位研究生教育自 1991 年开展以来，经过 30 年的发展，取得了巨大的成就，截至 2020 年，已设置专业学位类别 47 个，博士专业学位授权点 278 个，硕士专业学位授权点 5996 个，基本覆盖了国民经济和社会发展主要领域。2021 年，全国硕士研究生录取 106.2 万人，其中专业学位硕士研究生录取 65.7 万人，占比 61.9%。专业学位研究生教育已成为我国培养高层次应用型专门人才的主要方式，为国家行业产业转型升级和创新发展提供强有力的人才支撑。2020 年 9 月 4 日，教育部、国家发展改革委、财政部联合发布《关于加快新时代研究生教育改革发展的意见》[①]，明确提出要大力发展专业学位研究生教育。2020 年 9 月 25 日，国务院学位委员会、教育部公开发布《专业学位研究生教育发展方案（2020—2025）》[②]，指出发展专业学位是学位与研究生教育改革发展的战略重点。

在借鉴学位授权点合格评估和学科水平评估经验的基础上，结合专业学位的本身特点，逐步建立相对独立的专业学位水平评估体系是非常必要的。

2019 年 2 月，中共中央办公厅、国务院办公厅印发《加快推进教育现代化实施方案（2018—2022 年）》，明确要求"开展研究生专业学位水平评估"，并将其作为完善高等教育质量标准和监测评价体系的重要举措。专业学位具有相对独立的教育模式，以产教融合培养为鲜明特征，是职业性与学术性的高度统一。

2020 年 11 月 27 日，国务院教育督导委员会办公室印发《全国专业学位水

---

① 教育部 国家发展改革委 财政部关于加快新时代研究生教育改革发展的意见 [EB/OL]. http://www.moe.gov.cn/srcsite/A22/s7065/202009/t20200921_489271.html, 2020–09–21.

② 国务院学位委员会 教育部关于印发《专业学位研究生教育发展方案（2020—2025）》的通知 [EB/OL]. http://www.moe.gov.cn/srcsite/A22/moe_826/202009/t20200930_492590.html, 2020–09–30.

平评估实施方案》，决定全面启动全国专业学位水平评估工作。这一次的评估是我国设立专业学位 30 年来第一次全面开展的水平评估，是对我国专业学位研究生培养质量与水平的整体考察，将有助于进一步健全专业学位评价体系，推动专业学位培养模式改革，促进专业学位研究生教育高质量、内涵式发展。

2.3.2.2.2　全面专业学位水平评估指标设计

由于专业学位水平评估的程序和学术学位学科评估的程序相差不大，这里重点探讨指标体系设计，以突出专业学位水平评估的特点，全国专业学位水平评估指标体系框架如表 2.12 所示。

表 2.12　　　　　　　　　全国专业学位水平评估指标体系框架①

一级指标	二级指标	三级指标
A. 教学质量	A0. 培养方案与特色	S0. 培养方案与特色
	A1. 思政教育成效	S1. 思政教育特色与成效
		S2. 职业道德与职业伦理教育情况
	A2. 课程与实践教学质量	S3. 课程教学质量
		S4. 专业实践质量
		S5. 师资队伍质量
	A3. 学生满意度	S6. 学生满意度
B. 学习质量	B1. 在学成果	S7. 应用性成果
		S8. 学位论文质量
		S9. 毕业成果质量（部分专业学位）
		S10. 学生比赛获奖（部分专业学位）
		S11. 学生艺术创作获奖、展演/展映/展览、发表（部分专业学位）
		S12. 获得职（执）业资格证书情况（部分专业学位）
	B2. 学生获得感	S13. 学生获得感

① 说明：按专业学位类别（领域）分别设置 36 套指标体系，各类别（领域）按专业学位特点分别设置 15~16 个三级指标。各专业学位类别三级指标的具体表述和观测点有所不同。

续表

一级指标	二级指标	三级指标
C. 职业发展质量	C1. 毕业生质量	S14. 总体就业情况
		S15. 代表性毕业生情况
	C2. 用人单位满意度	S16. 用人单位满意度
	C3. 服务贡献与社会声誉	S17. 服务贡献
		S18. 社会声誉

资料来源：国务院教育督导委员会办公室关于印发《全国专业学位水平评估实施方案》的通知 [EB/OL]．http：//www. moe. gov. cn/srcsite/A11/s7057/202011/t20201126_501861. html，2020 – 11 – 23.

从全国专业学位水平评估指标体系框架，可以分析出评估特点和重点，以指导专业学位授权点，更加有针对性地加强相关工作。

（1）强化思政教育，突出职业道德。"德才兼备"是培养人才最重要的判断标准，立德树人是教育的根本任务，职业道德修养是走向工作岗位、步入社会的立身之本。专业学位研究生教育与行业需求衔接，必须将立德树人、职业道德和职业伦理教育落地、落实。

（2）聚焦培养质量，强化特色定位。专业学位类别单列培养方案特色指标，凸显专业学位授权点的办学亮点，进一步强化分类评估，引导培养单位明确定位，关注专业学位特色和内涵建设，进一步改进专业学位人才培养模式。

（3）强调实践创新能力，突出实践创新效果。专业学位以应用型人才培养为主要目标，强调专业实践创新能力培养，注重"案例教学质量""实习实践教学质量""校外导师、校外资源参与教学"的效果，推动产学深度融合，以适应和满足对高层次应用型人才的需求。

（4）注重培养过程，强调在学效果。注重培养研究生综合运用专业知识解决实际问题的能力，重点考查学生在学期间取得的案例分析、创新创业成果、设计、技能展示等应用性成果。强调专业学位论文的应用性和行业应用价值，为毕业后在经济社会建设中发挥的作用打牢基础和积累经验。

（5）提升就业质量，服务社会需要。拓展毕业生就业渠道，提升就业率和就业质量，关注就业结构和专业对口率。强调人才培养与社会需求的衔接度和适应度，关注用人单位满意度，不断提升区域经济和行业创新发展的服务质量。

2.4 专业学位研究生教育质量评价研究文献综述

2.4.1 国内外专业学位研究生教育发展现状

2.4.1.1 国内专业学位研究生教育发展现状

我国专业学位研究生教育自1991年开始试点以来，历经了30多年的发展，已初步构建起较为全面的专业学位研究生培养体系，但伴随着学科类别的持续增加、招生比例的急剧扩大，以及专业学位研究生培养实践的深入发展，呈现出培养环境、培养模式、培养能力不匹配等一系列问题，引发了许多学者针对我国专业学位研究生培养质量的思考。30多年来，学者们针对国内各类研究生教育质量的评价活动研究一直没有间断过，但这类评价活动存在评价主体过于单一的共性问题，致使评价内容丰富程度及深度、评价技术方法的多样性等方面受到制约。并且政府主导的综合性评价活动较多，民间评价机构参评较少，且对专业学位研究生教育质量评价的针对性较弱。当前，我国的高层次专业学位人才培养还处于摸索阶段，我国学者孙若红（2013）、周险峰（2015）以及孙涵（2012）指出专业学位人才培养体系缺乏整体规划，在管理制度、教学改革、师资建设、能力培养等许多方面还存在诸多问题，距离高层次专业学位人才的培养目标还有较大差距，并且某些专业硕士类别（如体育专业硕士学位研究生）还存在区域发展不均衡的现象。

在文献分析过程中，本书还发现培养模式是高层次专业学位人才培养领域学者们关注的重点，我国学者胡玲琳（2013）、李明德（2014）以及陶学文（2013）指出当前国内高层次专业学位人才培养模式正从单一型发展为多元化，但仍存在各专业类型高层次人才培养模式过于雷同、缺乏自己的办学特色等问题，应借鉴国外的办学成功经验，制定多样化、灵活性的培养模式，例如，可尝试实行专业学位研究生培养与职业资格考试相结合的培养模式。

从析出的文献来看，目前针对我国专业学位人才培养质量的探讨可大致分为两个方面：一是从整体上论述如何构建我国专业学位研究生教育质量保障体系，提出构建质量保障体系的方法及相关的政策和建议，如学者孙晓（2015）、吴莹（2018）及王丽婧（2019）的研究；二是从不同学科类别视角分析专业学位研究生培养质量的影响因素，探索相应提升路径，如学者徐波（2017）、邓锐（2018）及李占华（2019）的研究。

专业学位研究生教育质量的合理评价和衡量是专业学位研究生培养质量提高的有效保障，近年来逐渐受到学者们的关注，但目前该领域的研究文献和成果均较少。根据研究侧重点不同可将有限的文献划分为两个主要类别：第一，侧重于对专业学位研究生教育质量评价指标体系展开研究，考虑不同影响因素从不同的评价角度选取有关评价指标，如学者谢绪磊（2018）、梁珍淑（2018）及马永红（2019）都是从专业学位研究生教育质量评价指标体系出发进行探讨；苗磊（2017）、胥超（2018）对建立专业学位研究生教育质量评价指标体系的重要性和必要性进行理论论述。第二，专注于对专业学位研究生教育质量的评价方法进行研究，具体包括层次分析法（analytic hierarchy process，AHP）、支持向量机（support vector machine，SVM）、序关系分析法（order relation analysis method）等在相关专业学位研究生教育质量评价中的应用研究，如学者吴文婷（2019）、刘小洋（2019）及程砚秋（2019）都是某种方法在相关专业学位研究生教育质量评价中进行应用。

2.4.1.2 国外专业学位研究生教育发展现状

西方国家的专业学位研究生教育具有起步早、门类多、规模大的特点，经过多年的发展，专业学位研究生教育已经成为其研究生教育的主体。美国的高层次专业学位人才培养领域约有 170 个，办学规模大、国际影响力高，其高层次专业学位人才培养已呈现系统化和全面发展模式。美国专业学位人才培养的特点是入学审核和准入门槛较高、注重多元化的学科关联性学习，教学质量评价体制科学系统，使学生通过专业学位人才培养能够真正获得有用的相关专业技能。英国的高层次专业学位人才培养通过多元化的办学理念与社会紧密接轨，注重促进学生的全方位发展。日本则更加注重专业学位人才培养的教学质量和科研水平的提高，更重视推动产学之间的协作与共同发展。

在专业学位研究生教育质量评价方面，国外学者认为需要通过多类指标才能证明教育质量的优劣，任何单一的质量证据都可能因偏颇而遭到抛弃。国外学者在研究高等教育评价工具中使用较为普遍的是绩效指标评价、同行评价、自我评价、外部评估人员的正式访问等方法。根据不同的评价方法，大体可分为硬评价及软评价。硬评价是以客观收集信息方法和定量分析技术为主的方法，具有可靠性高、可借助现代先进工具辅助统计及运算等特点；软评价是以主观收集信息方法和定性分析技术为主的评价方法，具有较高的有效性，但客观性和精确度不够高。两种方法经常一起使用，软、硬评价各有所长、互为补充。但目前国外研究生教育质量评价实践的案例分析研究相当匮乏，国外评价研究较多集中于探讨研究生教育评价的原则性、程序性等学理性探讨或对案例粗浅的概括介绍，研究未能深入分析评价实践设计的理念、数据分析、评价技术手段、研究结论、评价方法的优劣对比及研究的适用性等内容，导致呈现国外评价实例内容时其丰富性和形象性较差。

与国内相比，发达国家的高层次人才培养质量评价体系更为成熟与完善，主要从三个层面展开，分别是权力主体、利益主体和价值取向，并且指出专业学位人才的培养和评价并非仅是高校单方面的事情，而是高校、社会和政府共同的责任。学者章雁（2013）、刘金梅（2014）及王兆君（2018）指出其评价体系分为三类：一是以法国为代表的由政府发挥主导作用的高层次人才培养质量评价体系；二是以美国为代表的社会作为评价主体的评价体系；三是以英国为代表的政府和学校共同参与评价的高层次人才培养质量评价体系。在专业学位研究生教育最发达国家，如美国、英国、日本等国，均已建立较为完善的专业学位研究生教育质量保障和评价机制，既强调高校内部进行自我评价，同时又重视社会组织等外部机构对教育质量的评估和监控。从析出文献来看国外学者夏尔马等（Sharma et al.，2015）以及弗莱尔等（Flaherty et al.，2017）在此领域的研究还涉及专业学位研究生教育项目实施过程中的形成性评价，巴特等（Butter et al.，2017）及乌里亚斯（Urias，2017）则是对专业学位研究生教育质量进行规范和评价的评估模型研究。

2.4.2 专业学位研究生培养模式相关研究

"培养模式"这一概念被首次正式提出是在 1994 年，此后逐渐为许多学者关注并进行探讨，对于这一概念的理解，不同学者有不同的看法，尚未形成统一的观点。从已有文献的研究来看，学者们主要从结构过程观、要素组合以及方式方法观等角度出发，对"培养模式"这一概念进行界定。如章雁（2013）认为培养模式包括培养目标、以知识为主的课程体系以及培养途径和方法三方面内容。培养目标表明了培养的主体，并认为"培养模式"是与人才培育活动有关的操作样式和实践规范，被人们所认同和遵从，提出培养模式的构建应遵循外部环境适应性、内部环境适应性以及个体适应性三个原则。王锋（2019）将培养模式视为一个特殊的动态开放系统，以培养目标为导向，通过系统内各要素之间的相互作用，最终达到为社会输送高质量人才的目标。

从析出的文献中发现，目前学者们对于专业学位研究生培养模式的探讨主要分为以下两个方面：一是以某专业学位为例，对目前该专业学位研究生培养模式中存在的主要问题进行分析，最后结合实际情况，构建出一个更为完善、更为科学的培养模式。张国财等（2022）在"双一流"学科建设背景下，以东北林业大学林学专业学位研究生为探讨对象，从生源选拔机制、校内外导师队伍建设、课程设计以及保障体系等方面为该专业学位培养模式提出优化建议。王锋等（2019）以资产评估专业为例，基于协同理论，从内部协同和外部协同视角出发，对该专业学位研究生培养模式存在的主要问题进行探讨，构建了"内外协同"的培养模式。孟庆华（2022）以新工科为背景，以车辆工程专业学位研究生为对象，对该专业学位研究生的培养现状进行分析，结合目前存在的问题，提出应从课程设置、教学环节设置、人才培养特色及企业实践等方面进行优化,从而提升人才培养质量。宁利川等(2021)对机械专业学位研究生培养存在的问题进行分析,认为导师应明确学术学位研究生和专业学位研究生在培养模式方面的差异,完善考核评价体系,才能为社会输送更高质量的专业人才,并以武汉科技大学机械专业学位研究生为对象,对完善后的培养模式的实践效果进行检验,认为改善后的培养模式是行之有效的。陈涛等(Chen et al.,2016)对我国全日制专业学位研究生教育存在的诸多问题进行分析,提出应从内涵理解、培养目标、学科体系、实践平台、导师队伍、过程管理等方面深化全日制专业学位研究生培养模式研究,以推动专业学位研究生教育改革和适应社会经济发展的需要。毕璨和毕姗姗(Bi & Bi,2019)针对专业学位研究生教育过程中存在的培养模式职业导向性不足、针对性不强以及培养方案偏学术性等问题,从理论框架和对策研究两个角度出发,提出应加强校企合作以及校校合作来提升专业学位研究生培养质量。

二是以专业学位研究生整体为研究对象,结合相关研究方法,如文献法、问卷调查法、访谈法、比较分析法等,通过对专业学位研究生培养现状以及趋势进行剖析,提出相应的培养模式改革策略。薛建峰等(2022)通过问卷调查、访谈等方法,探讨了全日制专业学位研究生培养模式存在的问题,提出应该探索新的招生方式、明确培养目标、探索产学研融合培养新模式,从而提升全日制专业学位研究生培养质量。徐鑫(2018)综合运用文献研究法、案例研究法以及比较研究法,借鉴国外全日制教育硕士专业学位研究生培养模式的经验,对我国教育专业学位研究生培养模式的构成进行探讨,并形成了一套理论体系,最后再以某高校为例,对其培养模式和具体培养方案进行深度剖析,将理论与实践相结合,具有一定的现实意义。

2.4.3 专业学位研究生保障体系相关研究

关于研究生教育质量保障这一概念,王丽婧(2019)指出教育质量保障被学者们理解为包含研究生教育质量评估和教育质量管理两层含义,因为评估侧重于结果,管理侧重于过程,因此,教育质量评估和教育质量管理分别以结果和过程为主。专业研究生教育质量保障体系可以理解为高校以提升专业学位研究生培养质量，为社会输送满足岗位需求的高质量专业人才为目标，由专业学位研究生教育环节的各部门组成，并形成一个相互协调、相互制约的有机整体，从而将教学活动紧密联系并且有序组织起来。章雁（2013）认为在培养质量保障体系中，培养质量评价是一个极其重要的环节，专业学位研究生培养质量保障体系的构建，需要综合考虑对其培养质量有影响的种种因素，形成一个有效的自组织系统。

通过对已有文献的查阅，发现学者们对于研究生教育质量保障体系的研究大多分为以下两个方面：

第一，对国内和国外研究生教育保障体系进行比较分析，通过借鉴国外的经验，结合我国实例，对我国研究生教育质量保障体系的构建提出相应的建议和对策。例如，吴莹（2018）探讨了国外专业学位研究生教育质量保障体系的经验，提出从内部质量保障和外部质量保障两方面出发，将国外经验本土化，构建适用于我国专业学位研究生教育质量的保障体系。张秀芳（2019）的研究表明，根据我国硕士研究培养方式的不同，研究生教育质量保障体系也应该有所区别。

第二，从经验论出发，对专业学位研究生教育质量保障体系存在的问题进行探讨，进而对教育质量保障体系建设提出相应的建议和对策。朱光燕（2021）在"双一流"建设背景下，以医学院校研究生为研究对象，基于医学院校组织属性，对其教育质量保障现状进行分析，提出医学院校教育质量保障体系的构建应平衡好医学与科研、教学之间的关系，强调各利益相关者的协同效应。王耀等（2019）以食品加工与安全专业学位研究生为例，提出应从培养目标和方案、导师职责、专业实践以及招生等方面出发，优化该专业研究生教育质量保障体系。郑征和朱军（Zheng & Zhu，2018）以电气工程专业学位研究生为对象，创造性地构建了以"重构培养体系、固化创新实践平台、采用竞赛式学习模式、优化评价机制"为基础的四维联动的多元化电气工程专业质量保障体系。还有学者从教育质量内部保障体系和外部保障体系视角出发，对专业学位研究生教育质量保障体系进行探讨，如吴文婷等（2019）对 Y 大学药学全日制硕士的教育质量内部保障体系存在的主要问题进行探讨，将层次分析法（AHP）运用到该专业学位研究生教育质量内部保障体系中，强调培养方案优化、导师队伍建设以及实践与教学相结合在教育质量内部保障体系中的重要性。刘卫东（2018）提出专业学位研究生教育质量保障机制存在内部保障机制不完善以及外部监控机制不健全的问题，应该在培养目标及定位以及教学实践两方面来完善高校内部质量保障机制，通过社会评价机制的扩大和职业资格的衔接，使得外部质量保障机制得以完善。林梦泉等（Lin et al., 2016）将法国、美国及英国的高等教育质量评价和保障框架及其运行机制进行探讨，表明教育质量保障机制的运行受到高等教育体制、社会背景以及传统文化的影响，并且认为以高校内部管理为主、内外保障机制相结合的模式已经是发展高等教育质量保障的共识，外部监督最重要的目标是促进内部质量保证机制的建立。

2.4.4 专业学位研究生教育质量评价相关研究

2.4.4.1 专业学位研究生教育质量内涵及相关研究

对于"教育质量"这一概念的理解，学者们的观点不尽相同。《教育大辞典》中将其定义为：教育水平高低及效果优劣的程度，主要通过各学校培养目标以及教育目的来衡量。[①] 关于"研究生教育质量"的定义，在《中国学位与研究生教育发展战略报告》做了明确说明，认为"研究生教育质量"是指研究生教育系统所提供的可以满足社会需要的程度，这一概念揭示了研究生教育最终是为社会培养和输送高质量人才、满足各利益相关者利益诉求的目的。单凌寒等（2020）总结发现学者们从不同主体以及不同过程环节等视角出发，对于"教育质量"这一概念进行界定。马永红等（2019）提出学者对于专业学位研究生教育这一概念的理解，是从各利益相关者角度出发，认为专业学位研究生教育质量是满足学生自我发展的需要、高等教育学术需要以及社会各行业对于应用型人才的需要。马悦（2021）将人才培养质量和

---

① 顾明远. 教育大辞典［M］. 上海：上海教育出版社，1998.

高等教育质量这两个概念进行区分，认为高等教育质量比人才培养质量的外延更广，人才培养质量是高等教育质量的核心所在，高等教育的目的是为社会培养高质量人才。

通过对已有文献的查阅，发现学者们主要从以下三方面对于专业学位教育质量评价进行研究：一是以某专业为例，将国内外该专业研究生教育质量评价方面的研究进行对照，借鉴国外先进经验，完善我国研究生教育质量评价。例如，黎敏仪和罗艳华（2019）将我国与美国的护理专业研究生教育质量评价研究现状进行对照分析，指出我国护理专业研究生教育质量评价中存在指标设置不合理、权重确定存在主观性以及评价结果可比性差等不足，通过借鉴美国的教育质量评价体系，为我国该专业教育质量评价提出改善建议。

二是通过访谈法、问卷调查等研究方法进行实证研究，探讨影响专业学位研究生教育质量评价的因素，构建研究生教育质量评价框架。例如，张同全和田一丹（2019）以山东省专业学位研究生为对象，基于"人职匹配"理论，综合运用问卷调查以及半封闭式访谈研究方法，从内部质量评价以及外部质量评价视角出发，对影响专业学位研究生教育质量评价的各因素进行探讨，运用多级模糊综合评价方法对教育质量进行评价，得到山东省专业学位研究生的内外部教育质量总体水平为"良"，并从"职与人"匹配和"人与职"匹配两个角度对专业学位研究生教育质量的提升提出相应的建议和对策。国外学者凯立姆和侯赛因（Akareem & Hossain，2016）以孟加拉国五所顶尖私立大学中 432 名学生为研究对象，通过问卷调查，表明高等教育质量受到学生质量、教师资格、大学内部的学术因素以及大学的管理系统的影响，除此之外，学生的家庭收入水平直接影响到他们对高等教育的看法，年龄较小且先前教育成功率较低的学生对教育质量的期望高于年龄较大且成绩较高的学生，并且父母的受教育程度有助于孩子对教育质量持更加积极的态度。杨昊鹏等（2021）以某医学院校来华留学生、导师及其事务管理人员为研究对象，设计恰当的访谈问卷，运用访谈法，使研究对象关于教育质量框架进行评价，并对其结果进行分析，最终提出来华留学生教育质量评价的改善建议。

三是以某专业为例，运用相关理论，对研究生教育质量的现状进行分析，进而提出相应的建议和对策。例如，吕红艳和罗英姿（2019）以"学生参与理论"为基础，强调了教育质量评价中学生的主体地位，构建了学生参与视角下的翻译硕士教育质量评价框架，对现行的该专业教育质量评价做了重要补充。陈鹏飞等（2019）将我国和国外研究生教育质量评价进行对照，认为我国现行研究生教育质量评价在价值取向、评价主体、评价指标机制以及评价数据方面存在不足，提出应从以上四方面来提升研究生教育质量。冯亚冰等（2017）阐述了美国、英国及德国的专业学位研究生教育质量评估体系的特色，并对我国专业学位研究生教育现状进行探讨，从生源质量、师资队伍、教学设置等方面出发构建了专业学位研究生教育质量评价体系。国外学者克兰顿等（Crampton et al.，2019）采用现实主义的方法对英国医学教育质量的保证的预期和意想不到的后果进行探讨，结果表明持续的合作可以提高教育质量。

2.4.4.2 专业学位研究生教育质量评价体系相关研究

自1991年我国专业学位研究生教育开始试点以来，有不少学者针对专业学位研究生教育质量这一问题进行探讨，其中许多学者对专业学位研究生教育质量评价体系的构建进行研究，从而最终达到培养高质量应用型人才的目的。通过对已有文献的梳理，发现学者们对专业学位研究生教育质量评价体系的研究主要分为以下几个方面：

一是将研究生教育质量评价体系分为内部质量评价体系和外部质量评价体系进行探讨。例如，李娟等（2010）以"人职匹配"理论为基础，借鉴国外实践经验，提出构建一个以职业资格认证为导向的专业学位硕士教育外部质量评价体系，这一体系使高校与企业用人单位之间产生了密切的联系。斯乌特等（Swuste et al.，2021）对研究生安全教育质量的评估进行探讨，表明受训者的反应、考试或测试结果是主要的内部质量评估指标，并且使用美国医学研究所（Institute of Medicine，IOM）对质量的定义，指向了教育目标。李娟（2014）指出在专业学位研究生教育中广泛存在着"弱化、同化、矮化"的缺陷，提出应该构建一个有别于学术学位研究生的外部质量评价体系，基于"人职匹配"理论，以用人单位、政府以及行业协会为主体，借鉴国外实践经验，形成了一个以职业资格认证为导向的外部教育质量评价体系，强调这一体系所涉及的政府、用人单位以及行业协会三方应相互协调、各司其职，提升专业学位研究生教育质量。周晓婧和杨蜀康（2014）首先对专业学位研究生教育质量评价体系存在的主要问题进行探讨，认为目前的评价体系的评价主体单一、专业学位特色不突出、缺乏完善的评估方法；其次运用层次分析法（AHP）对教育质量评价体系进行定量和定性分析；最后对专业学位研究生教育质量评价体系的完善提出建议。张同全和田一丹（2020）从内部和外部两方面对影响专业学位研究生教育质量的因素进行分析，实证研究结果表明，职业资格认证、职业满意度以及职业胜任力等外部评价因素和高校培养方案、双导师制等内部评价因素都会对专业学位研究生教育质量评价有一定的影响。

二是以某专业为例，从分析该专业研究生教育质量现状的角度出发，结合该专业研究生培养特点，从而构建一个更完善的研究生教育质量评价体系。例如，陈秀金等（2018）以食品科学专业为研究对象，提出该专业学位研究生培养过程中存在学术化倾向明显、实习环节落实不到位以及各评价主体权责划分不合理等问题，认为应从导师队伍建设、职业资格认证与专业学位研究生教育相衔接以及社会中介机构参与质量评价等方面来改善现有的教育质量评价体系。程安林、张俊俊（2019）将教育质量评价体系分为评价目标、评价主体、评价客体、评价标准以及评价报告等要素，分别从这五个要素出发，为专业学位教育质量评价体系的完善提供实践与理论基础。苗磊（2017）对全日制专业学位研究生教育质量评估的政策趋势进行总结归纳，基于其培养理念，分析了全日制专业学位研究生教育质量评价体系存在的问题，提出应完善立体化、多维度的教育质量评价指标体系，构建全面参与的质量评价主体。张元等（2020）针对计算机专业学位研究生培养过程中存在实践创新能力不足问题，强调应从培养方案的优化、评价体系的合理化两方面来提升该专业研究生教育质量。赵等（Zhao et al.，2021）指出评价体系的构建应遵循科学性原则、指导性原则、独特性原则以及动态与稳定性相结合的原则，并从利益相关者理论出发，创造性地将专业学位研究生教育质量评价的评价主体从三要素评价主体扩展到由政府、社会、高校、导师和学生组成的"五要素"评价主体，进而构建了基于五要素评价主体的专业学位研究生教育质量评价指标体系框架。

三是通过问卷调查、访谈法、德尔菲法、层次分析法等方法，进行实证研究，为研究生教育质量评价的完善提出建议。张和王（Zhang & Wang，2020）在构建综合模糊评价模型时，采用组合权重法、综合层次分析法以及熵权法进行指标权重的确定，运用组合加权法及模糊综合评价模型对2014～2018年20所高校的研究生教育质量进行了评价，以明确高校研究生教育质量评价存在的主要问题，结果表明，研究生教育质量评价主要受入学质量、科研环境、研究生科研水平和就业能力等因素的影响。魏文彤等（Wei et al.，2021）综合运用文献综述和德尔菲问卷确定了教育质量评价指标体系的指标，用层次分析法以及百分法确定了各因素的权重，构建了一个以输入质量、过程质量、输出质量以及开发质量为一级指标的护理专业研究生教育质量评价指标体系。孙丰云等（2020）以CIPP（context，环境；input，输入；process，过程；product，结果）模式为基础，通过对成都大学农业专业学位研究生以及相关教务管理人员进行问卷调查以及访谈，进行实证研究，对评价结果进行分析，强调应该优化招生选拔机制、加强校企合作、增加实践教学，以完善教育质量评价体系。祁凯等（2019）对"互联网＋"背景下影响研究生教育质量评价的因素进行探讨，通过问卷调查、层次分析法来确定教育质量评价指标体系、并将各指标权重进行确定，最后对研究生教育质量的提升提出相关策略。杨苏（2022）以CIPP模型为基础，用层次分析法确定各级指标权重，通过对安徽建筑大学工程管理专业学生进行问卷调查，利用模糊综合评价方法对该专业实践教学质量进行评价，实证结果表明该校工程管理专业实践教学质量总体水平较高。孙严（2020）以出版硕士专业学位研究生为研究对象，指出评价体系的构建应以全面系统性、学科导向性以及操作便利性为原则，构建了以高校、学生以及市场为评价主体，以理论支撑、设计原则以及评价维度为评价体系框架的出版专业学位研究生教育质量评价体系。

2.4.5 专业学位研究生教育质量提升建议对策的研究综述

随着我国专业学位研究生教育的发展，用人单位对高层次应用型人才的需求不断增加，使得高校、政府以及用人单位等相关部门更加关注专业学位研究生教育质量水平。学者们或以某一专业学位研究生教育为例，对该专业教育质量的提升提出建议和对策，或基于我国专业学位研究生教育现状，构建一个更完善、更科学的专业学位研究生教育质量评价体系。本书基于对已有文献的梳理，从专业学位研究生教育中所涉及的各利益相关者角度出发，对学者们关于专业学位研究生教育质量提升的对策和建议分为以下几方面进行总结归纳。

2.4.5.1 高校

高校作为人才培养的"供给方"，在专业学位研究生培养过程中学生实践创新能力及科研能力的培养方面具有极其重要的作用。孙丰云等（2020）认为高校应负责制定总的政策方针，各学院根据学院具体情况制定相应的细则，不同学科类别之间应在培养方式和课程设置等方面有所区别。胡秋兰等（2020）高校应加强校企合作，以就业为导向，使学生综合素质得以提升，为社会各行各业输送高质量应用型人才。陈鹏飞等（2019）认为我国教育质量评价模式普遍以政府主导的外部质量评估体系为主，高校应充分发挥其主观能动性，确保构建一个更完善、更科学的教育质量保障体系。吴玲等（2018）强调了优质生源在研究生教育中的重要性，认为高校应在研究生录取环节加大复试权重，以便对学生综合能力进行考查，除此之外学校应构建个性化、差异化的培养模式，对不同专业学生进行分类培养。

2.4.5.2 教师与学生

教师和学生是人才培养过程的参与者，教师为学生传授理论知识，培养其思维和能力，是学生学习过程中的领路人；学生是知识的接受者，希望通过学习使得自身综合能力得以提升，增强社会竞争力。胡秋兰等（2020）指出教师可以对学生进行科研指导、实践活动组织以及课程指导等活动，来增强学生的创新实践能力。孙丰云等（2020）强调了导师队伍建设在专业学位研究生教育过程中的重要性，加强校内理论科研学习的同时，应加强校外实践、改进授课模式、增加实际案例的教学、扩展学生知识领域、调动学生积极性。祁凯（2019）从学生视角出发，认为让学生参与到教育质量评价体系中会促进研究生教育质量的提升。

2.4.5.3 用人单位

社会用人单位作为人才培养的"需求方"，希望获得与岗位需求相匹配的高质量人才，从而争取获得经济效益以及社会效益。冯亚冰等（2017）指出用人单位应积极参与高校人才培养过程，根据行业及岗位需求对任职要求进行说明，为专业学位研究生提供实践机会。陈秀金等（2018）指出企事业单位在食品科学专业学位硕士培养过程中有多种功能，应树立培养和使用相结合的人才观，与高校合作共同担负起专业学位研究生培养的责任。

2.4.5.4 政府

政府部门作为人才培养的主导者，在人才培养过程中的政策制定、政策引导、评价监管以及资金扶持等方面发挥着重要作用。胡秋兰等（2020）指出政府应积极参与到高校人才培养过程中，协同高校发挥好监督评价、政策引领等职能。马令勇等（2019）认为在研究生教育中政府主管部门起着十分重要的作用，对研究生教育进行监督评估以及宏观指导教育发展，从宏观层面对专业学位研究生教育质量的保障起到推动作用。胡恩华等（2016）指出政府作为专业学位研究生培养的直接管理者以及重要评价主体，在促进高校、学生以及社会各评价组织之间的联系方面起着关键作用，重点对各高校专业学位的专业设置以及合格性方面进行审议。

| 第 3 章 |

多主体多维度评价研究的理论基础

3.1　利益相关者理论

3.1.1　利益相关者理论的基本概述

3.1.1.1　利益相关者理论的起源及发展

有关利益相关者的概念，最早出现是在 20 世纪 60 年代彭罗斯（Penrose）撰写的《企业成长理论》① 一书。美国斯坦福大学研究所于 1963 年首次提出"利益相关者"这一概念，并认为"利益相关者是企业不可缺少的一部分，组织的存在与他们的支持息息相关"，这一理论是关于公司

---

① 彭罗斯 . 企业成长理论［M］. 赵晓，译 . 上海：上海人民出版社，2007.

经营管理的理论，与企业股东利益至上学说相对，首先广泛应用于企业战略管理等领域，受到了国内外诸多学者们的广泛关注，让人们意识到企业的目标不仅是实现利润最大化，而且还存在着对企业目标实现有影响的群体或各利益主体，企业应兼顾各利益相关者的利益和需求。安索夫（Ansoff，1965）的观点表明，企业只有兼顾到诸多利益相关者之间相互冲突的需求，才能达到理想的企业目标。

1984年，美国学者弗里曼对于利益相关者这一概念的界定受到诸多学者的认同。他在《战略管理：利益相关者方法》一书中明确提出了利益相关者的概念，他认为的"利益相关者是对组织目标的实现有影响，或者可以被组织实现其目标过程所影响的所有个体或群体"[①]，是最具代表性的关于利益相关者的界定，该理论认为任何一个组织的发展都与各利益相关者的投入或参与息息相关；张世义（2019）认为这一理论强调让各利益相关者参与组织的管理活动，标志着利益相关者理论的正式形成。

1997年，米切尔（Mitchell）和伍德（Wood）创造性地提出了利益相关者的确认以及利益相关者的特征描述这两大核心问题，他们采用属性计分法，对企业所有利益相关者在合法性、权利性以及紧迫性这三个方面进行评分，依据分值将企业的利益相关者分为确定型利益相关者、预期型利益相关者以及潜在型利益相关者这三种类型。这一分类方法简单易操作，对利益相关者的分类更加明晰，是这一理论的一大进步。

焦磊（2018）提出了利益相关者理论的发展经历了三个阶段，依次为利益相关者影响、利益相关者参与、利益相关者共同治理。这三个发展阶段分别很好地概括了利益相关者影响模式、利益相关者参与模式和利益相关者共同治理模式这三种发展模式，这一演进过程也表明了利益相关者在组织治理中的地位逐渐上升。我国的学者们对于利益相关者理论的探讨起步较晚，但自这一理论被提出后，便被广泛应用于公司治理等各项组织管理活动中。利益相关者理论对西方国家的公司经营及治理模式的选择产生了一定的影响，

---

① 弗里曼. 战略管理：利益相关者方法［M］. 王彦华，梁豪，译. 上海：上海译文出版社，2006.

使企业管理方式发生了某种程度的改变。

3.1.1.2 利益相关者的概念

自利益相关者管理理论提出后，国内外学者们对其进行探讨研究，关于利益相关者这一概念的描述有很多，不同学者持有不同的观点，其中为多数学者们所认同的是由费里曼所提出的观点，但这一概念最核心的是兼顾各利益相关者的利益诉求。经过国内外诸多学者们对于利益相关者这一理论的探讨，使得这一理论得到丰富发展，成为一个较完整的理论体系，被广泛应用。本书对于利益相关者的概念进行了总结梳理，如表 3.1 所示。

表 3.1　　　　　　　　国内外学者对于利益相关者概念的界定

序号	学者	利益相关者定义
1	斯坦福研究所	组织的生存和发展离不开利益相关者这一团体组织的利益支持
2	瑞安曼	利益相关者是企业和其组织相互依存
3	安索夫	各个利益相关者之间存在着包括管理者、股东、消费者、工人和供应商等相互冲突的利益诉求
4	费里曼	利益相关者是对组织目标实现有影响，或受组织实现其目标过程影响的所有个人或团体
5	布莱尔	利益相关者是公司或组织需要对其负有责任的个人或群体
6	多纳德逊	利益相关者的利益不仅会受到组织活动的影响，而且他们也有能力影响组织活动
7	米切尔和伍德	企业所有的利益相关者必须具备权利性、合法性以及紧迫性三个属性中全少一种，否则不能称其为利益相关者
8	克拉克森	利益相关者是与企业有紧密联系的个人和团体
9	贾生华和陈宏辉	综合平衡各利益相关者的利益诉求而进行的组织管理活动是利益相关者的总的含义
10	杨瑞龙	利益相关者是能够被组织活动所影响或者能影响到组织活动的所有人或群体
11	潘海生	利益相关者是组织的持续生存和发展所依赖的所有个人或团体
12	李超玲	利益相关者是组织中的资源所有者，即组织特定联合作业的过程中有联系的主体

资料来源：李强. 利益相关者视角下的高等职业教育产教融合人才培养模式研究 [D]. 武汉：湖北工业大学，2021。

以上关于利益相关者的定义表明了企业与利益相关者是相互影响、相互作用的，任何一个组织的生存和发展都离不开各利益相关者的投入和参与，各利益相关者利益需求的满足也离不开组织的发展，组织应兼顾利益相关者各方的利益，而不单纯满足某些个体的利益。李福华（2008）指出"实现所有利益相关者的整体利益最大化是高校的目标，而不是只满足某些个体利益的最大化，高校的决策须兼顾各利益相关者的利益"。本书基于费里曼对于利益相关者的定义，将专业学位研究生教育质量评价的利益相关者定义为"对教育质量评价有影响或受教育质量评价影响的个人或团体"。

3.1.2 利益相关者的利益诉求

明确不同利益主体对专业学位研究生教育质量的利益需求，是构建科学合理的专业学位研究生教育质量评价体系的重要前提。不同利益相关者的利益诉求不尽相同。参与专业学位研究生培养环节的主要利益相关者包括高校、学生、导师、用人单位、政府。王明海和张诗林（2016）将教师、学生以及学校教学管理人员归为内部利益相关者，将用人单位、政府、学生家长等归为外部利益相关者。

3.1.2.1 高校的利益诉求

在专业学位研究生培养过程中，为社会培育高水平人才是高校的主要职能和核心任务，作为人才培养的实施者和执行者，是受益者之一。高校的主要利益诉求是根据社会发展趋势和岗位实际需求，对培养方案、课程设置、教学环节、科研与实践及质量监控等方面进行改革，使人才培养质量得以提升，与企业形成长期稳定的合作关系，使企业深度参与到专业学位研究生的培养过程，为学校提供一定的支持，使人才培养更具有针对性，减少办学成本，协调好与用人单位、政府、学生等利益相关者之间的关系，明晰各利益主体的利益诉求，协同合作，提升专业学位研究生教育质量。

3.1.2.2　学生的利益诉求

在专业学位研究生的培养过程中，学生是直接受益者，作为人才培养的重要载体，学生的利益诉求主要是掌握专业理论知识、提高自身实践创新能力以及综合素质，具备较强的就业能力，提升社会竞争力，以便毕业后能有一个好的就业选择，顺利走入工作岗位。

3.1.2.3　导师的利益诉求

专业学位研究生的培养实行"双导师制"，即有校内导师和校外导师两种，校内导师的主要利益诉求是学生有较好的科研成果以及学生认可度，校外导师的利益诉求主要是学生实践创新能力的提升以及学生本人毕业后有较好的发展。王晨光（2018）对导师的收益进行分类，分为物质收益和非物质收益两种，薪酬、专利及科研成果等构成物质收益，自身教学水平的提高、学生的认可度以及科研成果的积累构成非物质收益，除此之外，学生未来的发展潜力是导师隐性收益的重要来源。

3.1.2.4　用人单位的利益诉求

用人单位是人才的需求方以及终端买方，是最大的受益者。林巧玲（2020）提出企业的利益诉求主要有职工能力再提升、未来人才储备的需要以及持续发展创新的需要三方面。用人单位在参与高校人才培养的过程中，希望提高本单位的社会认可度，最终达到对高层次应用型人才以及科研成果的需求方培养人才、储备人才的战略意识，积极主动地参与到高校人才培养的过程中，为企业储备人力资源奠定基础，最终获得长期收益。

3.1.2.5　政府的利益诉求

政府需要兼顾效率和公平，因此其最大的利益需求是实现群体利益最大化。同时，政府作为宏观调控者，在高校教育政策的制定方面有着重要影响，除此之外，政府在维护公共利益方面起着重要的监督作用。政府希望通过对专业学位研究生培养的正确引导和组织，来实现人力、物力及财力等资源的积累，进而提升各地方总体的科研水平以及综合实力，推动我国研究生教育以及社会经济的发展。

3.1.3 利益相关者理论在教育领域的运用

作为一种分析方法，利益相关者理论最早应用于公司治理、企业管理方式等管理学以及经济学领域；随着国内外学者对这一理论的研究不断深入，该理论逐渐发展完善，被有些学者应用到教育领域。李强（2015）经过文献总结分析发现利益相关者理论在教育领域的应用主要集中在高校专业建设、高校内部制度与管理以及高等教育质量这三方面。李蒙（2019）以利益相关者为基础，将校企合作过程中，各利益相关者的地位角色进行分析界定，认为学生以及小微型企业处于绝对劣势的地位。林巧玲（2020）依据利益相关者理论对中职会计专业人才培养过程中的各利益相关者的利益诉求进行分析，并通过问卷调查等方式，制定出培养质量评价体系，对于会计专业人才教育质量的提升具有极其重要的现实意义和理论意义。

3.2 协 同 理 论

3.2.1 协同理论的提出

协同理论也被称为"协和学"或"协同论"，是基于协同学的一种理论，是系统科学的重要分支理论，自20世纪70年代以来，经过不断发展形成了一门新兴学科，这一理论是由著名物理学家、联邦德国斯图加特大学教授哈肯（Hermann Haken）创立的。他在1971年第一次提出"协同"这一概念，并在1976年全面系统地阐述了协同理论，发表了《协同学导论》，编著了《高等协同学》等。

3.2.2 协同理论的内涵及主要内容

协同理论将自然界视为一个由多个相互影响、相互联系的子系统构成的统一整体，当各子系统之间相互作用时，系统就会呈现出自组织状态，从而使整体系统表现出某种特定的结构或功能，构成的整个系统具备各子系统没有的新结构或新功能，使整体系统的功能远远超过各个子系统功能之和，从数学角度描述为 "1 + 1 > 2"。客观世界存在着多种多样不尽相同的系统，虽然这些系统在层次、结构以及系统内各要素之间的关系等方面有所差别，但却具有一定的相似性并且表现出一些共性，通过类比对这些从无序到有序的现象建立了一整套数学模型和处理方案，并推广到更加广泛的领域，这为协同理论的发展奠定了基础。协同学具有目标性、关联性、动态性以及竞争与协同的对立统一的特性，正因为协同学具有这些特性，才使得协同学被广泛应用于开放系统。协同理论的主要内容为协同效应、伺服原理和自组织原理[①]。

3.2.3 协同理论在专业学位研究生教育中的应用

协同理论是一门系统理论，其目的是研究完全不同学科中存在的共性规律以及共同存在的本质特征，具有普适性，正因为如此，学者们将其引入管理研究，这对管理领域理论的发展以及对于管理领域中问题的解决具有极其重要的意义。协同理论在很多领域被广泛应用，其中，有多位学者将协同理论与专业学位研究生培养相联系。王锋等（2015）基于协同理论中的"内外协同"视角对于培养模式中培养目标、培养过程和质量评估这三个要素之间的协同机理进行探讨，同时对专业学位研究生培养模式存在的主要问题进行分析总结，最后构建了"内外协同"的专业学位研究生培养模式。赵丁选（2021）在协同理论的基础上，对工程专业学位研究生教育存在的主要问题

---

① 白列湖. 协同论与管理协同理论 [J]. 甘肃社会科学，2007（5）：228 – 230.

进行分析，认为多主体协同对于实现工程教育理论与实践的深度融合具有举足轻重的作用，提出了"一个目标、三位一体、三层融合、五个共同"的工程专业学位研究生多主体协同的"1335"培养模式，并对该模式的实施效果进行阐述。孙配贞（2019）首先对当前教育硕士培养中存在的问题进行了分析，认为存在培养定位认知偏差、培养目标和培养方式单一、培养质量评价体系不完善等问题；其次，基于协同创新理论从培养目标、培养方式和质量评价这三个方面入手，构建了教育学专业硕士的培养模式。马晓雪（2015）以协同理论为基础，将专业学位研究生培养模式看作一个开放系统，对该系统的子系统进行识别，分别采用子系统协同和主体协同这两个视角对这一系统中的所有构成要素的协同机理进行分析，提出了相应的培养模式创新策略。潘柏松等（2012）在 CDIO（conceive, design, implement, operate）工程教育模式的普适性遭到质疑的背景下，从协同理论出发，构建了基于协同理论的 CDIO 工程教育模式，即 S-CDIO（synergetics-CDIO）模式，最后以浙江工业大学机械与工程及自动化专业为例，构建了 S-CDIO 模式框架。何剑彤（2015）基于协同学理论，也将专业学位研究生培养模式系统看作一个复杂开放的协同系统，并与 KJ 法（Jiro Kawakita，川喜田二郎）和文献内容分析法相结合，在明确了基于协同学的专业学位研究生培养模式系统的构建原则的前提下，构建了专业学位研究生培养模式系统，这一系统由目标子系统、培养子系统和保障子系统三个主要的子系统构成。

3.3　多级模糊评价模型

3.3.1　模糊评价的相关概念

3.3.1.1　模糊现象

模糊现象指客观事物之间不便于用分明的界限进行区分的状态，它产生于人们对客观事物的识别和分类之时，并反映在概念之中。外延分明的概念，称为分明概念，反映的是分明现象；相反，外延不分明的概念，称为模糊概念，反映的是模糊现象。在现实生活中，由于信息的不完备，使得人们对一些事物、一些系统的认识不够清晰，事物间并不只是"非此即彼"的关系，而存在"亦此亦彼"的现象，现实生活大多是"亦此亦彼"的现象以及不确切的概念，例如："年轻"这个概念，是 15～30 岁属于年轻呢，还是 18～25 岁属于年轻呢？再比如教学质量好与否，对于这样的问题，每个人可能会有不同的看法，也很难给出精确的范围，也没有绝对的界限和外延，因此，我们可以把这些现象或概念称为模糊概念或模糊现象。

3.3.1.2　模糊数学与模糊集理论

模糊数学就是用来处理涉及模糊概念的问题或者研究和处理模糊性现象的数学，尝试使用某种方法将模糊的概念或模糊性的现象量化，方便进行处理计算。模糊集合分为偏小型、中间型和偏大型三种，集合论是模糊数学理论的基础，1965 年，美国著名的自动控制专家查德（L. A. Zadeh）教授发表了论文《模糊集合》（*Fuzzy Sets*），首先提出"模糊子集"这一数学概念，用以说明模糊概念，处理模糊现象，表达事物的不确定性，对模糊集合作了以下定义：

A——设给定论域 $U = \{x\}$，U 上的一个模糊子集 A；

μ_A——模糊集合的特征函数称为隶属函数 μ_A，或可以理解表示论域 U 到 $[0, 1]$ 上的映射，用 μ_A 表示，并记为：$\mu_A: U \to [0, 1]$，$x \to \mu_A(x)$，$\mu_A(x)$：μ_A 在 x 的值 $\mu_A(x)$ 设为 X 对 A 的隶属度。用表示 x 的属于 A 的程度，例如，$\mu_A(x) = 0.8$ 就是说明该 x 有 80% 属于 A。

模糊子集一般表示成：

$$A = \int_U \mu_A(x)/x$$

这里计分 "$\int$" 不同于普通的积分，而是表示无限条元素的并和或是各元素构成项的 "联"。写成离散形式为：

$$A = \{\mu_A(x_1)/x_1, \ \mu_A(x_2)/x_2, \ \cdots, \ \mu_A(x_n)/x_n\}, \ (x_1, \ \cdots, \ x_n \in U)$$

3.3.1.3 隶属函数、隶属度

模糊现象的一个重要特征是肯定程度或隶属程度，即某事物属于某类或具有某性质，也就是说某事物被认识主体肯定的程度，或者说隶属度是元素隶属于模糊集合的程度。

隶属函数，也称为归属函数或模糊元函数，是模糊集合中会用到的函数，是一般集合中指示函数的一般化。指示函数可以说明一个集合中的元素是否属于特定子集合。一元素的指示函数的值可能是 0 或是 1，而一元素的隶属函数会是 0~1 之间的数值，表示元素属于某模糊集合的"真实程度"。确定隶属函数，其实也就是给定一个模糊集合，之后再通过某些方法，给出我们需要研究的元素相对于该模糊集合的隶属度。例如，对于"年轻"这个模糊集合，我们就要想办法去确定 0~150 岁之间每个岁数相对于"年轻"集合的隶属度，画出的图像便是隶属函数的图像。可以通过模糊统计法、借助已有的客观尺度以及指派法三种方法确定隶属函数。

3.3.2 模糊综合评价法

3.3.2.1 模糊综合评价法的基本概述

模糊数学这一概念自提出后，经过几十年的发展，在管理科学等领域逐渐得到广泛应用，在综合评价方法的应用方面也已经有了不少研究成果，如教学质量评价、经营业绩评价和科研项目评选等方面的应用，可以较好地解决模糊的、难以量化的问题，适用于有模糊概念而又可以量化的场合。这里的模糊性是指客观事物的差异在中间过度呈现的"亦此亦彼"性，例如在综合评价问题中的许多指标评选是"较好"与"好"中间都带有这种模糊性。

模糊综合评价的数学模型可分为一级模糊综合评价模型和多级模糊综合评价模型。

3.3.2.2 一级模糊综合评价模型建立的基本步骤

一级模糊综合评价模型，也就是因素集中的评价指标只有一层，不存在

一层又嵌套一层的情况，也是最基本的情况。解决此类问题，主要分为以下几个步骤：

（1）确定评价对象的因素集 $U = \{U_1, U_2, \cdots, U_n\}$，因素就是评价对象的属性或指标的集合。

（2）建立评语集 $V = \{V_1, V_2, \cdots, V_n\}$，也就是要给出相应的评语，例如，"好、较好、中等、差、很差"或者"优秀、良好、差"。评语集中的评语往往是模糊概念，这也是使用模糊综合评价的原因。

（3）确定因素权重，由于对 U 中各因素有不同的测度，需对每个因素赋予不同的权重，它可表示为 U 上的一个模糊子集，$A = (a_1, a_2, \cdots, a_n)$，并且规定：

$$\sum_{i=1}^{n} a_i = 1, \ a_i \geq 0, \ (i = 1, 2, \cdots, n)$$

（4）确定模糊综合判断矩阵。确定单因素评价隶属度向量，并形成隶属度矩阵 R，这里的隶属度 γ_{ij} 指多个评价主体对某个评价对象在 U_i 方面做出 V_j 评定的可能性大小（可能性程度）找出：

R：$U \times V \rightarrow [0, 1]$，$\gamma_{ij} = R(U_i, V_j)$，形成了隶属度矩阵 R，R 也称单因素评价矩阵。

（5）判断综合评价。在 R 与 A 求出之后，则综合评价作为：$B = A \bigcirc R$ 记 $B = (b_1, b_2, \cdots, b_n)$，它是 V 上的一个模糊子集，B 是一个模糊子集，因而它是模糊评判的结果，如果评判结果 $\sum_{j=1}^{m} b_j \neq 1$，可将它归一化，这里 $B = A \bigcirc R$ 中，"$\bigcirc$"也可广义理解为有任何一种模糊算子构成的合成运算 $\overset{p}{\underset{i=1}{V}} U_i = U$，而这里选的是 Zadeh 算子，上述式中因素权重，如用层次分析法中的两两比较得到，则也看作一种基于 AHP 的模糊综合评价。

3.3.2.3　多级模糊综合评价模型建立的基本步骤

在实际情况中，往往由于需要将诸多因素都考虑在内，所以导致权重难以细分，抑或因各权重都太小，使得评价失去实际意义，为此可根据因素集中各指标的相互关系，把因素集按不同属性分为 n 类，可先在每一类（二级因素集）中进行评价，然后再对评判结果进行"类"之间的高层次评价。对于多级模型，虽然级数有多少之分，但求解方法是一致的，下面以二级为例介绍多级模糊。一般可归纳为以下三个基本步骤：

（1）将因素进行分解，设因素集 $\{U_1, U_2, \cdots, U_n\}$，评价集 $V = \{V_1, V_2, \cdots, V_n\}$，先根据 U 中各因素间的关系将 U 分成 P 分，设第 i 子集 $U = \{U_1, U_2, \cdots, U_n\}$，$i = 1, 2, \cdots, p$，则 $\overset{p}{\underset{i=1}{V}} U_i = U$，$\sum\limits_{i=1}^{p} P_j = n$。

（2）利用一级模糊综合评价模型分别进行一级综合评价，对每个 U_i，按上述一级综合评价数学模型进行综合评价得：

$$B_i = A_i \bigcirc R_i, \ (i = 1, 2, \cdots, p)$$

式中，A_i 是 U 上的 $1 \times n$ 阶权向量，R_i 为对 U_i 的 $n_i \times m$ 阶单因素评价矩阵，B 是 U_i 的 $1 \times m$ 阶一级综合评价结果矩阵。

（3）多级综合评价。将每个 U_i 作为一个因素，用 B_i 作为它的单因素评价，又可构成一个 $p \times m$ 阶评价矩阵 $R = \begin{bmatrix} B_1 \\ B_2 \\ \vdots \\ B_p \end{bmatrix}$，并设关于 U_1，U_2，$\cdots$，U_p 的权重分配为 $A = (a_1, a_2, \cdots, a_p)$，则得到 U 的二级综合评价结果为 $B = A \bigcirc R$。

专业学位研究生教育质量多主体
多维度评价指标体系构建

4.1 评价指标体系设计原则

　　建立有效的评价指标体系是进行专业学位研究生培养质量评价的基础，评价指标体系科学与否，直接影响到评价结果的准确性和客观性。因此，构建指标体系时应遵循以下基本原则：

4.1.1 科学性原则

　　各评价指标体系的设计及评价指标的选择必须以科学性为原则，能客观真实地反映专业学位、高校、用人单位、学生、指导教师的特点和状况，能客观全面地反映出各指标之间的真实关系。

4.1.2　导向性原则

所选择并构建的评价指标体系从根本上是评价专业学位研究生培养质量的实用工具，因此，所设定的每项指标对提高专业学位研究生培养质量都具有直接的导向作用，能够帮助管理者发现专业学位研究生培养过程中的问题，并因此能够提出解决方案，并制定相应措施，不断提高培养水平。

4.1.3　特色性原则

在培养质量的评价体系的设定过程中必须要凸显出专业学位研究生教育的相应特征，突出专业学位教育的实践性与应用性，体现出该专业学位培养目标及培养过程的特色性。故而从整体上凸显专业学位研究生培养质量评价体系的特色。

4.1.4　动态性与稳定性相结合的原则

评价指标体系不可能是一成不变的，要想与时俱进地把握专业学位研究生培养目标方向，还要密切关注评价指标的变化规律，并不断紧跟时代脉搏，在实践中不断完善评价指标体系，保证评价结果准确反映出评价客体的真实特性。当然，评价指标也不是经常变化的，这里有一个度的问题，即评价指标体系的可控程度，也就是评价指标体系中要包含稳定性指标。

4.2　多主体多维度评价指标的筛选

由于专业学位人才培养各评价主体的功能定位不同，参与人才培养质量评价活动的方式也不相同，因此需要从协调不同评价主体的视角选取符合专业学位人才培养实际需求的多个评价维度，并进一步分解、细化形成各级具体评价指标体系。

从实际情况来看,不同评价主体所评价的角度和评价结果是不同的。五个不同的评价主体总体上覆盖专业学位研究生教育质量评价的全部过程。

根据"五元"评价主体模型,分门别类地分层次设计主体指标遴选问卷调查表,其中以政府为评价主体:对专业学位培养质量评价的备选指标为整体办学水平、专业特色、社会影响力、办学思想、人才培养机制等。以高校为评价主体:对专业学位培养质量评价的备选指标为学科建设、教学管理、就业率、培养基础条件、区域建设服务水平。以导师为评价主体:对专业学位培养质量评价的备选指标为思想政治水平、专业知识水平、创新实践能力,团队协作能力、角色适应能力。以学生为评价主体:对专业学位培养质量评价的备选指标为知识结构水平、能力结构水平、职业竞争力、就业对口率、实践基地建设。以社会为评价主体:对专业学位培养质量评价的备选指标为毕业生职业素养、毕业生专业能力、毕业生通用能力、身心健康状况、职业发展潜力。将备选指标的重要性测评度量值分为 5 级:0(可以忽略)、0.2(不很重要)、0.5(一般重要)、0.8(比较重要)、1.0(非常重要)。

4.3 多主体多维度评价指标体系构建

本研究通过问卷网的小程序发送调查问卷 391 份,回收有效数据 361 份。经过对回收数据的处理分析和对量表进行因子分析及信度和效度检验,并经过课题组的梳理和完善,分别从政府、高校、导师、学生和社会五个维度构建专业学位研究生培养质量评价指标体系,如表 4.1 所示。

表 4.1　　　　　　　　　政府作为主体的评价指标体系框架

评价主体	一级指标	影响因子
政府	整体办学水平	0.9011
	专业特色	0.8972

续表

评价主体	一级指标	影响因子
政府	社会影响力	0.7653
	办学思想	0.6921
	人才培养机制	0.6652
高校	学科建设	0.8931
	教学管理	0.8652
	就业率	0.8644
	培养基础条件	0.7971
	区域建设服务水平	0.7892
导师	思想政治水平	0.9871
	专业知识水平	0.9652
	创新实践能力	0.8961
	团队协作能力	0.8882
	角色适应能力	0.8725
学生	知识结构水平	0.8881
	能力结构水平	0.8862
	职业竞争力	0.8651
	就业对口率	0.7942
	实践基地建设	0.7881
社会	毕业生职业素养	0.9881
	毕业生专业能力	0.8972
	毕业生通用能力	0.8881
	身心健康状况	0.7662
	职业发展潜力	0.7651

| 第 5 章 |

专业学位研究生教育质量多主体多维度评价体系实证研究：以山东省为例

5.1 山东省专业学位研究生教育发展概况

5.1.1 山东省专业学位人才培养现状

我国当前处于产业结构调整和转型的关键时期，对具有创新能力、创业能力和实践能力的高层次专门人才需求尤为迫切，加强高层次专业学位人才的培养符合国家发展战略和社会发展需求。山东省作为经济发展大省和强省，随着新旧动能转换的持续推进对高层次应用型人才产生大量需求，越来越重视高层次专业学位人才的培养，省政府 2019 年 4 月印发《关于推进新时代山东高等教育高质量发展的若干意见》,明确指出"支持省属高校与国内外知名高校联合为我省培养更多专业学位研究生",并提出高质量发展的具体要求。

近年来,山东省学位与研究生教育认真贯彻落实国家《学位与研究生教育发展"十三五"规划》,紧紧围绕"服务需求、提高质量"这条主线,全面贯彻新发展理念,着力推进"五个更加突出",学位与研究生教育改革取得新进展。据《2022 年山东省学位与研究生教育质量报告》数据显示,截至 2020 年 12 月,山东省有博士学位授权点 180 个,其中一级学科博士点 163 个、二级学科博士点 1 个、专业学位博士点 16 个;硕士学位授权点 898 个,其中一级学科硕士点 520 个、二级学科硕士点 47 个、专业学位硕士点 331 个(如图 5.1 所示)。按学科门类,在博士一级学科门类中,工学博士点 57 个、理学博士点 35 个、医学博士点 18 个,分列前三位;在硕士一级学科门类中,工学硕士点 189 个、理学硕士点 89 个、医学硕士点 43 个,分列前三位。

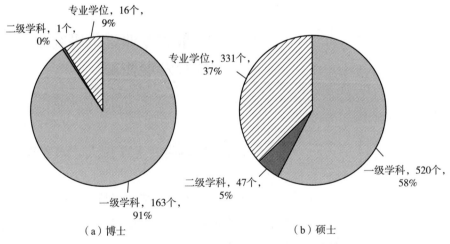

（a）博士　　　　　　　　（b）硕士

图 5.1　2020 年山东省博士、硕士授予点分布情况

据《2020 年山东省学位与研究生教育质量报告》数据显示,山东省 2020 年研究生招生总数为 50518 人(如图 5.2 所示),较 2019 年增加 9843 人,增长 24.20%;招生数占全国研究生招生数的 4.57%,位列全国第 8 位。

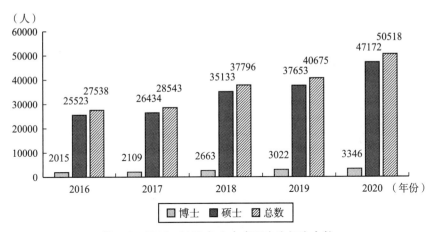

图5.2 2016～2020年山东省研究生招生人数

资料来源：山东省教育厅（http://edu.shandong.gov.cn）。

山东省2020年博士研究生招生3346人，比2019年增长13.48%，招生数量位列全国第13位。其中，学术学位研究生2789人，占总人数的83%；专业学位研究生557人，占总人数的17%。硕士研究生招生47172人，比2019年增加9519人，增长25.28%，招生数量位列全国第8位。其中，学术学位研究生16954人，占总人数的36%；专业学位研究生30218人，占总人数的64%（如图5.3所示）。

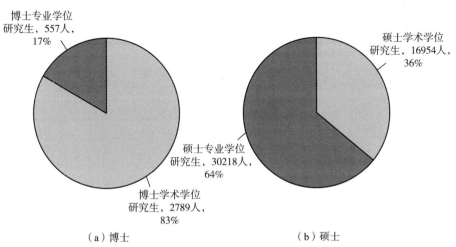

（a）博士 （b）硕士

图5.3 2020年山东省博士、硕士研究生招生占比情况

资料来源：山东省教育厅（http://edu.shandong.gov.cn）。

据《2020 年山东省学位与研究生教育质量报告》数据显示截至 2020 年
12 月,山东省研究生在校生数(包含全日制、非全日制及在职硕士研究生)
为 141783 人,比 2019 年增长 10.25%,山东省在校研究生总数在全国占比
4.52%,位列全国第 9 位。山东省博士研究生在校生 13391 人,比 2019 年增
长 12.58%,在校生数量位列全国第 13 位,其中,专业学位博士研究生 1196
人,占在校生总人数的 9%。山东省硕士研究生在校生 128392 人,比 2019 年增
长 24.99%,在校生数量位列全国第 8 位,其中,专业学位硕士研究生 73974 人
(不含在职),占在校生总人数的 57.62%,比 2019 年增加 11491 人;在职研
究生 10220 人,占在校生总人数的 7.96%。比 2019 年增加 499 人。

2020 年山东省研究生毕业生总数为 32795 人,比 2019 年增长 18.65%,
占全国研究生毕业生数的 4.50%,位列全国第 9 位。其中,博士研究生毕业
生总数为 1716 人,比 2019 年增长 4%,毕业生数量位列全国第 14 位,其中,
学术学位博士研究生毕业 1661 人,占毕业生总人数的 97%,专业学位博士
研究生毕业 55 人,占毕业生总人数的 3%;硕士研究生毕业总人数为 31079
人,比 2019 年增长 19.87%,毕业生数量位列全国第 8 位,其中,学术学位
硕士研究生毕业 12499 人,占毕业生总人数的 40%;专业学位硕士研究生毕
业 18580 人,占毕业生总人数的 60%(见表 5.1)。

表 5.1　　　　　　　　　2020 年山东省毕业研究生规模及结构分析

类别	学术学位		专业学位		合计	
	人数(人)	比例(%)	人数(人)	比例(%)	人数(人)	比例(%)
博士	1661	97	55	3	1716	5.23
硕士	12499	40	18580	60	31079	94.77
总计	14160	43.18	18635	56.82	32795	100

资料来源:山东省教育厅(http://edu.shandong.gov.cn)。

截至 2020 年 12 月,山东省普通高校共有研究生导师 24922 人,比 2019
年增加 1251 人。其中,博士、硕士研究生导师 4259 人,博士研究生导师 170
名,硕士研究生导师 20493 名。导师职称构成情况:正高级职称的有 11020
人,占导师总数的 44.22%;副高级职称的有 11005 人,占导师总数的

44.16%。2017～2019年山东省研究生导师职称情况如图5.4所示。

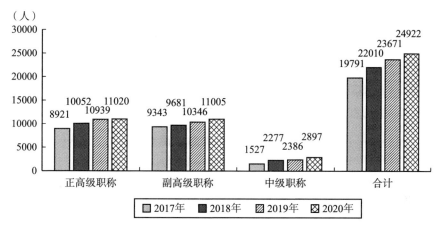

图5.4　2017～2020年山东省研究生导师职称结构情况
资料来源：山东省教育厅（http：//edu.shandong.gov.cn）。

5.1.2　山东省专业学位研究生培养质量监督举措

质量是研究生教育发展的生命线，"提高研究生教育质量"是研究生教育改革的主要内容。山东省政府为加快推进山东省"双一流"建设及高等教育综合改革，全面提升山东省高等教育发展水平，不断采取措施提升研究生教育质量。

山东省根据国务院学位委员会、教育部印发的《博士硕士学位论文抽检办法》制定《山东省硕士学位论文抽检办法》，每年安排90万元左右专门经费开展硕士学位论文的抽检工作。并配套有抽检结果的反馈、使用和整改工作，将学位论文抽检结果与研究生招生计划分配、导师资格等挂钩，引导培养单位和导师进一步重视学位论文质量，加强论文过程管理。2019年度，山东省硕士学位论文抽检合格率为98.16%，比2018年度抽检合格率提高1.03个百分点。2020年度按照"全面覆盖、随机抽取、科学公正、突出重点、兼顾公平"的原则，对2019年9月1日～2020年8月31日期间授予硕士学位人员的学位论文进行了抽检，涉及山东省研究生培养单位32个、论文3.4万篇，其中学术学位论文 1.3 万篇、专业学位论文 2.1 万篇，进一步扩大抽检比例，改进抽检办法，随机抽取送审硕士学位论文 1697 篇，总占比 5%，涉及 86 个一级学科，279 个二级学科，34 个专业学位类别，114 个专业学位领域。抽检结果反馈至各研究生培养单位，对存在问题论文的单位，提出了整改要求并加大监管力度，采取随机抽查、现场督查或委托监督等方式，进一步加强学位论文质量监管。

山东省教育厅学位管理与研究生教育处组织山东省研究生培养单位发布学位与研究生教育质量报告，于 2016～2020 年连续 5 年发布《山东省学位与研究生教育质量报告》，全面公开各培养单位的研究生教育质量状况，引导学校加强质量建设，主动接受社会监督，是全国发布省级学位与研究生教育质量报告为数不多的省份之一。山东省 2019 年出台《山东省教育厅关于全面落实研究生导师立德树人职责的实施意见》，提出研究生导师基本素质要求，明确研究生导师立德树人主要职责，逐步建立健全研究生导师评价激励机制，全面加强研究生导师队伍建设。山东省继续组织开展山东省优秀研究生指导教师评选工作，表扬 296 名研究生指导教师，进一步调动广大研究生指导教师立德树人和参与研究生教育改革创新的积极性。组织全省新入职导师、优秀导师、管理干部代表 180 余人到清华大学、浙江大学开展专题培训，对标"双一流"高校，深度交流学习，进一步提升研究生培养能力和水平。

山东省教育厅学位管理与研究生教育处以学位点专项评估工作为抓手，推动学位授权点合格评估，强化研究生培养单位自我监督。积极协调研究生培养单位学位授权点自我评估工作，每年召开专门会议调度进展，促进培养单位间交流经验、相互学习借鉴。通过对在专项评估、论文抽检等工作中存在问题的单位，加大抽评比例；通过评估认真查摆问题和不足，采取有力措施加强整改；邀请专家提出意见建议，指导各单位进一步加强学位授权点建设等举措，切实达到"以评促建、以评促改"的目的，学位授权点建设内涵和人才培养质量得到进一步提升。2020 年全国共有 345 个学位点参加专项评估，山东省共 10 所高校的 20 个学位授权点参评，包含 7 个博士学位一级学科授权点、1 个博士学位二级学科授权点、7 个硕士学位一级学科授权点和 5 个硕士专业学位授权点。根据 2021 年 4 月国务院学位委员会公布的 2020 年学位授权点专项评估结果，山东省所有学位授权点均通过评估。

5.2 山东省 Z 大学专业学位研究生教育质量评价实证研究

5.2.1 山东省 Z 大学研究生培养整体概况

山东省 Z 大学在 1998 年获批硕士学位授予单位，自开展研究生教育以来，努力结合国家及区域战略和经济建设、社会发展及科技进步需求，建立了较为完备的研究生教育体系。学校现有服务国家特殊需求"绿色建筑技术及其理论"博士人才培养项目 1 个、硕士一级学科授权点 17 个、硕士二级学科授权点 1 个、硕士专业授权类别 15 个，其中，艺术硕士培养领域 2 个、翻译硕士培养领域 3 个。学科专业涵盖工学、理学、管理学、文学、法学、艺术学六大学科门类。

2020 年山东省 Z 大学在籍研究生规模为 2785 人。其中，全日制博士研究生 58 人、全日制学术学位硕士研究生 854 人、全日制专业学位硕士研究生 1427 人、非全日制专业型硕士研究生 446 人，其中专业学位硕士在校规模比例如图 5.5 所示。

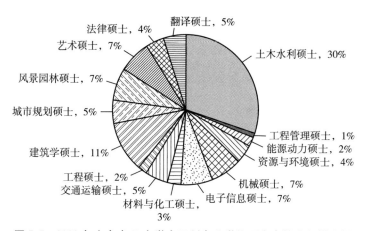

图5.5　2020 年山东省 Z 大学全日制专业学位硕士在校生规模比例

2020 年度山东省 Z 大学共授予博士学位 7 人、硕士学位 749 人。硕士学位研究生中，全日制学术学位研究生 242 人、全日制专业学位研究生 340 人、非全日制专业学位研究生 106 人、在职攻读硕士人员 61 人，其中专业学位授予统计比例如表 5.2 所示。

表 5.2　　　　　　　**2020 年度山东省 Z 大学专业学位授予统计**

类别	授予数（人）	占所有专业学位的百分比（%）
专业学位（硕士）合计	507	100.00
翻译硕士专业学位	22	4.34
工程硕士专业学位	279	55.03
工程管理硕士专业学位	26	5.13
城市规划硕士专业学位	26	5.13
艺术硕士专业学位	41	8.09
建筑学硕士专业学位	41	8.09
工商管理硕士专业学位	44	8.68
风景园林硕士专业学位	28	5.52

2020 年山东省 Z 大学在岗硕士生导师 831 人（其中，校内硕士生导师 709 人、校外兼职硕士生导师 122 人），获得招生资格的有 542 名导师，其中：正高级职称 194 人，占 35.8%；副高级职称 255 人，占 47.0%；具有博士学位的中级职称 93 人，占 17.2%。导师的职称结构如图 5.6 所示。

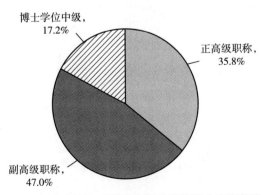

图 5.6　2020 年山东省 Z 大学具有招生资格硕士生导师职称结构

5.2.2　山东省 Z 大学专业学位研究生培养质量综合评价实证研究

在本实证研究中选取了山东省 Z 大学的"建筑学专业硕士""工程管理专业硕士""翻译专业硕士""电子信息 1（控制工程、电子与通信工程方向）""电子信息 2（计算机技术方向）" 5 个全日制专业硕士学位，采用多层次模糊评价模型对其专业学位研究生培养质量进行综合评价。

5.2.2.1　确定各子集的单因素评判矩阵

本研究设计了"政府""高校""导师""学生""社会" 5 个评价子集，并在前期评价指标体系研究的基础上选取了 15 个二级评价指标（如图 5.7 所示），分别是"整体办学水平""专业特色""社会影响力""学科建设""教学管理""就业率""专业知识水平""创新实践能力""思想政治水平""知识结构水平""能力结构水平""职业竞争力""毕业生职业素养""毕业生专业能力""毕业生通用能力"。

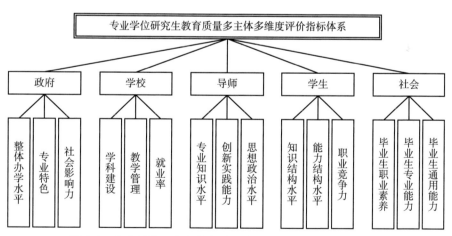

图 5.7　专业学位研究生教育质量多主体多维度评价指标体系

为提升评价结果的代表性和说服力，本研究选取了研究生教育教学方向的专家 5 人，Z 大学研究生处、科研处、发展规划处职能部门业务专家 5 人，研究生指导教师、教授 5 人，相关专业的社会用人单位人力资源总监 5 人，优秀毕业研究生代表 5 人，共 25 人组成本次研究生培养质量模糊综合评价的专家评审团，进行专家打分（打分等级：5——很好；4——较好；3——一般；2——较差；1——很差），并将打分结果取均值集结以及归一化处理，数据处理后得出诸因素的模糊综合评判如表 5.3 所示（保留小数点后二位）。

表 5.3　　　　　　　　　专业硕士学位人才培养单因素评判

指标因素	建筑学	工程管理	翻译	电子信息 1	电子信息 2
整体办学水平	0.91	0.85	0.75	0.87	0.82
专业特色	0.95	0.92	0.82	0.91	0.87
社会影响力	0.93	0.90	0.73	0.90	0.85
学科建设	0.90	0.89	0.87	0.91	0.92
教学管理	0.85	0.90	0.93	0.90	0.91
就业率	0.93	0.85	0.91	0.91	0.98
专业知识水平	0.92	0.90	0.90	0.94	0.92
创新实践能力	0.93	0.91	0.85	0.92	0.93
思想政治水平	1.00	1.00	1.00	1.00	1.00
知识结构水平	0.97	0.93	0.89	0.95	0.95
能力结构水平	0.93	0.90	0.91	0.92	0.95
职业竞争力	1.00	1.00	1.00	1.00	1.00
毕业生职业素养	0.96	0.96	0.95	0.95	0.95
毕业生专业能力	0.95	0.91	0.90	0.95	0.95
毕业生通用能力	0.89	0.93	0.85	0.92	0.91

因此子集 X_1、X_2、X_3、X_4、X_5 的单因素评价矩阵如下：

$$R_1 = \begin{pmatrix} 0.91 & 0.85 & 0.75 & 0.87 & 0.82 \\ 0.95 & 0.92 & 0.82 & 0.91 & 0.87 \\ 0.93 & 0.90 & 0.73 & 0.90 & 0.85 \end{pmatrix}$$

$$R_2 = \begin{pmatrix} 0.90 & 0.89 & 0.87 & 0.91 & 0.92 \\ 0.85 & 0.90 & 0.93 & 0.90 & 0.91 \\ 0.93 & 0.85 & 0.91 & 0.91 & 0.98 \end{pmatrix}$$

$$R_3 = \begin{pmatrix} 0.92 & 0.90 & 0.90 & 0.94 & 0.92 \\ 0.93 & 0.91 & 0.85 & 0.92 & 0.93 \\ 1.00 & 1.00 & 1.00 & 1.00 & 1.00 \end{pmatrix}$$

$$R_4 = \begin{pmatrix} 0.97 & 0.93 & 0.89 & 0.95 & 0.95 \\ 0.93 & 0.90 & 0.91 & 0.92 & 0.95 \\ 1.00 & 1.00 & 1.00 & 1.00 & 1.00 \end{pmatrix}$$

$$R_5 = \begin{pmatrix} 0.96 & 0.96 & 0.95 & 0.95 & 0.95 \\ 0.95 & 0.91 & 0.90 & 0.95 & 0.95 \\ 0.89 & 0.93 & 0.85 & 0.92 & 0.91 \end{pmatrix}$$

5.2.2.2　确立各子集评价指标的权重集

根据前述研究的层次分析法模型，经两两比较建立判断矩阵，并通过一致性检验，确定各子集评价指标的权重集为（保留小数点后三位）：

$$A_1 = (0.502 \quad 0.295 \quad 0.203)$$

$$A_2 = (0.162 \quad 0.320 \quad 0.518)$$

$$A_3 = (0.365 \quad 0.270 \quad 0.365)$$

$$A_4 = (0.333 \quad 0.333 \quad 0.334)$$

$$A_5 = (0.309 \quad 0.581 \quad 0.110)$$

5.2.2.3　多级模糊综合评价

根据公式 $B_i = A_i \times R_i$，各子集（二级）单因素模糊综合评价计算过程及结果如下：

$$B_1 = A_1 \times R_1 = (0.502 \quad 0.295 \quad 0.203) \times \begin{pmatrix} 0.91 & 0.85 & 0.75 & 0.87 & 0.82 \\ 0.95 & 0.92 & 0.82 & 0.91 & 0.87 \\ 0.93 & 0.90 & 0.73 & 0.90 & 0.85 \end{pmatrix}$$

$$= (0.926 \quad 0.881 \quad 0.767 \quad 0.887 \quad 0.840)$$

$$B_2 = A_2 \times R_2 = (0.162 \quad 0.320 \quad 0.518) \times \begin{pmatrix} 0.90 & 0.89 & 0.87 & 0.91 & 0.92 \\ 0.85 & 0.90 & 0.93 & 0.90 & 0.91 \\ 0.93 & 0.85 & 0.91 & 0.91 & 0.98 \end{pmatrix}$$

$$= (0.899 \quad 0.872 \quad 0.910 \quad 0.907 \quad 0.945)$$

$$B_3 = A_3 \times R_3 = (0.365 \quad 0.270 \quad 0.365) \times \begin{pmatrix} 0.92 & 0.90 & 0.90 & 0.94 & 0.92 \\ 0.93 & 0.91 & 0.85 & 0.92 & 0.93 \\ 1.00 & 1.00 & 1.00 & 1.00 & 1.00 \end{pmatrix}$$

$$= (0.952 \quad 0.939 \quad 0.923 \quad 0.956 \quad 0.952)$$

$$B_4 = A_4 \times R_4 = (0.333 \quad 0.333 \quad 0.334) \times \begin{pmatrix} 0.97 & 0.93 & 0.89 & 0.95 & 0.95 \\ 0.93 & 0.90 & 0.91 & 0.92 & 0.95 \\ 1.00 & 1.00 & 1.00 & 1.00 & 1.00 \end{pmatrix}$$

$$= (0.967 \quad 0.943 \quad 0.933 \quad 0.956 \quad 0.967)$$

$$B_5 = A_5 \times R_5 = (0.309 \quad 0.581 \quad 0.110) \times \begin{pmatrix} 0.96 & 0.96 & 0.95 & 0.95 & 0.95 \\ 0.95 & 0.91 & 0.90 & 0.95 & 0.95 \\ 0.89 & 0.93 & 0.85 & 0.92 & 0.91 \end{pmatrix}$$

$$= (0.946 \quad 0.928 \quad 0.910 \quad 0.946 \quad 0.945)$$

设二级模糊综合评价 $R = (B_1 \quad B_2 \quad B_3 \quad B_4 \quad B_5)^T$；因素集 X 中各因素的权重分配为 $A = (a_1 \quad a_2 \quad a_3 \quad a_4 \quad a_5)$，根据专家评审团讨论确定一级评价指标"政府""学校""导师""学生""社会"的权重分配为 $A = (0.25 \quad 0.20 \quad 0.15 \quad 0.15 \quad 0.25)$。由一级模糊综合评价运算，即 $B = A \times R$：

$$R = (B_1 \quad B_2 \quad B_3 \quad B_4 \quad B_5)^T$$

$$= \begin{pmatrix} 0.926 & 0.881 & 0.767 & 0.887 & 0.840 \\ 0.899 & 0.872 & 0.910 & 0.907 & 0.945 \\ 0.952 & 0.939 & 0.923 & 0.956 & 0.952 \\ 0.967 & 0.943 & 0.933 & 0.956 & 0.952 \\ 0.946 & 0.928 & 0.910 & 0.946 & 0.945 \end{pmatrix}$$

运算得：

$$B = A \times R = (0.25 \quad 0.20 \quad 0.15 \quad 0.15 \quad 0.25)$$

$$\times \begin{pmatrix} 0.926 & 0.881 & 0.767 & 0.887 & 0.840 \\ 0.899 & 0.872 & 0.910 & 0.907 & 0.945 \\ 0.952 & 0.939 & 0.923 & 0.956 & 0.952 \\ 0.967 & 0.943 & 0.933 & 0.956 & 0.952 \\ 0.946 & 0.928 & 0.910 & 0.946 & 0.945 \end{pmatrix}$$

$$= (0.936 \quad 0.909 \quad 0.879 \quad 0.926 \quad 0.921)$$

由评价结果可知，翻译专业得分 0.879，排名第五；工程管理专业得分 0.909，排名第四；电子信息 2 得分 0.921，排名第三；电子信息 1 得分 0.926，排名第二；建筑学得分 0.936，排名第一。

5.2.3 山东省 Z 大学实证研究评价结果及影响因素分析

5.2.3.1 实证研究评价结果分析

对比分析实证研究中的二级模糊综合评价结果和一级模糊综合评价结果可以发现，从"五元"利益相关者的协同视角出发选取多维评价指标构建的综合评价体系使评价结果更具有科学性和客观性（如表5.4所示）。"导师"和"学生"分别是专业学位研究生教育的直接实施者和实施对象，对教育质量的高低有深刻和直接的体会，能够结合自身实践对专业学位研究生教育的质量做出科学和客观的评价。因此，将专业学位研究生教育质量的评价主体由已有的"三元"评价主体，转变为由"政府"社会"高校""导师""学生"共同组成的相互联系、相互配合、彼此制约的"五元"评价主体是切实可行的。

表5.4　　　　　实证研究中一级和二级模糊综合评价结果的对比

一级模糊综合评价结果		二级模糊综合评价结果				
		政府	高校	导师	学生	社会
建筑学	0.936	0.926	0.899	0.952	0.967	0.946
电子信息 1	0.926	0.887	0.907	0.956	0.956	0.946

续表

一级模糊综合 评价结果	二级模糊综合评价结果				
	政府	高校	导师	学生	社会
电子信息2	0.921	0.840	0.945	0.952	0.967	0.945
工程管理	0.909	0.881	0.872	0.939	0.943	0.928
翻译	0.879	0.767	0.910	0.923	0.933	0.910

5.2.3.2　山东省 Z 大学专业学位研究生培养质量影响因素分析

在研究过程中，项目组还对山东省 Z 大学在校 2017 级、2018 级及 2019 级硕士研究生 1323 人进行了满意度问卷调查，其中专业学位研究生 795 人，占问卷调查总人数的 60.09%。经对调查问卷进行统计分析发现在研究生培养及条件保障的总体评价中（见表 5.5），学生对"指导教师"的满意度（包括"很满意"＋"满意"）最高，达到 96.07%；对"课程教学""参与科研""奖助体系""管理服务"的满意度（包括"很满意"＋"满意"）分别为 89.35%、84.66%、83.68%、86.84%；均没有超过 90%。分别对"专业课程体系""专业学习和科研环境""就业指导和信息发布"进一步调查评价结果如表 5.6 ~ 表 5.8 所示。

表 5.5　　　　　　　　研究生培养及条件保障总体评价结果

题目	很满意	满意	一般	不满意	很不满意
课程教学	789 (59.64%)	393 (29.71%)	121 (9.15%)	15 (1.13%)	5 (0.38%)
参与科研	750 (56.69%)	370 (27.97%)	170 (12.85%)	25 (1.89%)	8 (0.6%)
指导教师	992 (74.98%)	279 (21.09%)	41 (3.1%)	0 (0%)	11 (0.83%)
奖助体系	728 (55.03%)	379 (28.65%)	164 (12.4%)	30 (2.27%)	22 (1.66%)
管理服务	758 (57.29%)	391 (29.55%)	150 (11.34%)	12 (0.91%)	12 (0.91%)

注：表中数字为样本数量，括号内为占比。

表 5.6   专业课程体系的评价结果

题目	很满意	满意	一般	不满意	很不满意
覆盖本专业 必需的知识	793 （59.94%）	391 （29.55%）	125 （9.45%）	9 （0.68%）	5 （0.38%）
形成学科 基础理论方面	795 （60.09%）	395 （29.86%）	121 （9.15%）	10 （0.76%）	2 （0.15%）
在形成自己的 研究兴趣方面	776 （58.65%）	396 （29.93%）	138 （10.43%）	10 （0.76%）	3 （0.23%）
在了解学科前沿、 学科特色方面	782 （59.11%）	369 （27.89%）	152 （11.49%）	16 （1.21%）	4 （0.3%）

注：表中数字为样本数量，括号内为占比。

表 5.7   专业学习和科研环境的评价结果

题目	很满意	满意	一般	不满意	很不满意
学术交流	818 （61.83%）	336 （25.4%）	150 （11.34%）	15 （1.13%）	4 （0.3%）
图书资料	791 （59.79%）	345 （26.08%）	167 （12.62%）	14 （1.06%）	6 （0.45%）
学术报告	822 （62.13%）	357 （26.98%）	134 （10.13%）	7 （0.53%）	3 （0.23%）
网络学习环境	812 （61.38%）	363 （27.44%）	131 （9.9%）	15 （1.13%）	2 （0.15%）
实习实践机会	797 （60.24%）	336 （25.4%）	166 （12.55%）	18 （1.36%）	6 （0.45%）
联合培养与短期研修	778 （58.81%）	333 （25.17%）	186 （14.06%）	18 （1.36%）	8 （0.6%）

注：表中数字为样本数量，括号内为占比。

表 5.8   研究生就业指导和信息发布的评价结果

题目	很满意	满意	一般	不满意	很不满意
就业指导培训	782 （59.11%）	366 （27.66%）	165 （12.47%）	7 （0.53%）	3 （0.23%）
就业信息发布和时效	799 （60.39%）	380 （28.72%）	131 （9.9%）	9 （0.68%）	4 （0.3%）
就业信息的可参考性	798 （60.32%）	373 （28.19%）	145 （10.96%）	4 （0.3%）	3 （0.23%）

注：表中数字为样本数量，括号内为占比。

经分析表 5.6 的调查数据可知，在专业课程体系的评价中，"覆盖本专业必需的知识"的满意度为 89.49%；"形成学科基础理论方面"的满意度为 89.95%；"在形成自己的研究兴趣方面"满意为 88.58%；"在了解学科前沿、学科特色方面"满意度为 87%；均没有超过 90%，说明现有的专业课程设置还不能够很好地满足对"学生知识结构"和"能力结构培养"的需求。其中，"在了解学科前沿、学科特色方面"满意度最低，将该项分析对标前述实证研究中专家评审团对"专业特色"评价指标的评分情况："建筑学（0.95）""工程管理（0.92）""翻译（0.82）""电子信息 1（0.91）""电子信息 2（0.87）"，其吻合性显而易见，不但说明了山东省 Z 大学在专业学位研究生培养中还存在有专业特色不够鲜明的问题，更由此可知，"学生"作为评价主体对专业学位研究生培养质量评价的重要性和不可或缺性。

表 5.7 的调查数据表明，在"专业学习和科研环境"的评价中，"学术交流"的满意度为 87.23%；"图书资料"的满意度为 85.87%；"学术报告"的满意度为 89.11%；"网络学习环境"的满意度为 88.82%；"实习实践机会"的满意度为 85.64%；"联合培养与短期研修"的满意度仅为 83.98%。其中，"图书资料""实习实践机会""联合培养与短期研修"的满意度均较低，这也充分表明了，在专业学位研究生培养过程中，应形成有效反馈机制，将人才培养的利益相关主体"学校""政府""社会"等紧密结合起来形成有机整体，共同为人才培养提供充足的"图书资料""实习实践机会""联合培养与短期研修"机会和条件。

全日制专业学位研究生的"就业率"是衡量专业学位研究生培养质量和效果的重要参照标准，也是评价专业学位研究生培养质量的重要评价指标。表 5.8 中的调查数据显示，学生对当前学校的"就业指导培训""就业信息发布方式和时效""就业信息的可参考性"的满意度分别为 86.77%、89.11% 和 88.51%，均没有超过 90%，这说明学校在指导专业学位研究生就业方面还需要继续发挥效能提高就业工作的帮扶力度。其中"就业指导培训"满意度最低，而在专业学位研究生培养质量评价指标体系中，除了"就业率"还有"毕业生职业素养""毕业生专业能力""毕业生通用能力"等评价指标均与毕业生在校时的"就业指导培训"紧密相关，因此高校重视对专业学位研究生的就业指导培训，可联合社会和政府为毕业生提供更有效更有针对性的就业指导和培训。

受新冠肺炎疫情影响等原因，本书的实证研究和满意度调查主要在山东省 Z 大学范围内实施，评价结果的代表性可能会存在一定的局限，此评价结果及影响因素分析仅提供一种参考。项目组在后续研究中，还应继续扩大实证研究范围，不断完善该指标体系，进一步提高评价结果的客观性和准确性。

第6章

专业学位研究生教育质量影响
因素分析及对策建议

6.1 专业学位研究生教育
质量影响因素分析

影响专业学位研究生教育质量的因素有很多，其中起到关键作用的一般有以下几点。

第一，高水平导师队伍建设亟待加强。导师的教学水平、科研素养和指导能力是培养研究生综合素质和提升研究生教育质量的重要手段。近年来许多高校通过加大国家级高层次领军人才的引进，已逐步改善研究生导师队伍的水平，但是学科导师队伍水平不均衡现象比较严重，仍然有部分学科存在缺乏国内外知名影响的学术大师和专家团队、人才队伍的结构不尽合理等情况，需要采取措施进行改进。

第二，学科内涵建设有待加强。部分学校博士一级学科的总量较少，覆盖面小，部分学科研究方向分散，力量较薄弱；部分学科尚未凝练出具有特色的、稳定的研究方向。重点学科较少，服务区域经济社会发展的能力有待加强。

第三，学科建设标志性成果有待实现更多突破。大部分学科高水平标志性成果仍难以突破，大部分学科在国际上的学术影响力仍需进一步提升，以形成良好的辐射带动效应，争取早日实现更多学科建设标志性成果突破。

第四，研究生教育还存在不少薄弱环节。比如受到经费及学科条件的制约，研究生教育教学改革的力度还不够大，核心办学指标相对偏低，研究生工作管理体制和运行机制需要进一步创新，研究生教育规模和质量协调性有待进一步优化。特别是博士生招生的规模和数量严重不足，研究生生源质量亟待提高。研究生的科研水平与创新能力有待提高，研究生发表高水平学术论文的数量有待进一步提高等。

6.2　提升专业学位研究生教育的对策及建议

针对前述研究过程中的发现的问题及因素分析，给出如下可供参考的建议：

第一，落实立德树人根本任务，加强理想信念教育，全面提升思想政治工作水平。把研究生培养目标融入国家事业发展的宏伟蓝图中，融入"双循环"新发展格局中，在专业布局、就业导向等方面加强理想信念引导，激发研究生服务于国家社会和民生经济发展的内生动力。大力推进"三全育人"综合改革，构建"大思政"格局。加强思政课程和课程思政建设，强化导学思政，深化推进"研究生课程思政"建设，探索创新课程思政方法路径。发挥导师立德树人作用，将立德树人成效作为研究生培养质量和学科建设成效的第一标准。

第二，结合学科与学位点协同建设工程，促进学术型和专业型研究生教育协同发展。充分发挥学科建设与学位点建设的协同作用，规划发展研究生教育的总体布局。以硕士学位授权点建设为核心任务，对接学位授权审核工作要求，加强人才引进、学科建设、科学研究和创新团队等建设。在重点学科建设的材料、环境、能源等基础科学领域，突出"以点代面"，以特色求发展，开展多学科交叉人才培养。在明确培养定位的基础上，结合学术学位和专业学位研究生培养特色形成有效的分类培养模式，在培养实践中学术学位研究生应注重科技创新能力培养，专业学位研究生应注重实践创新能力培养，并从课程设置、教学设计、导师配备、实习实践以及考核体系等多个方面提出了协同发展机制，并进行详细描述，以期实现学术学位与专业学位研究生教育的协同发展。

第三，树立鲜明的专业学位研究生培养特色。研究中发现目前存在各专业学位类别研究生培养质量和学位授予标准比较趋同，针对性不强，专业特色不鲜明的现象。各专业学位类别应确立应用型研究生教育发展思路，建立以职业需求为导向的专业学位研究生教育发展机制，分类明确各专业学位类别研究生培养特色和培养定位，拓展高层次技术技能人才成长的通道，提升培养质量，满足各行各业高层次应用型人才需求。这就要求各高校根据培养目标，更加有针对性地制定培养方案和学位授予标准，将培养目标具体化为课程设置、教学设计、实习实践、校外导师配备、学位论文以及考核体系等环节，增强专业课程设置的灵活性，不断优化专业学位研究生的课程培养体系。

第四，强化和完善"产教融合"协同育人机制。产教融合是推动专业学位研究生实践创新能力的有效途径，应积极探索产教融合协同育人机制，推动行业、企业全方位参与人才培养。专业学位研究生的课程设置重在课程的创新性和实践性，强调案例教学、实践教学。在专业学位研究生培养中应强化产教融合，加强专业学位研究生实践创新能力培养。协同育人模式应坚持实际问题导向和行业需求导向，校企联合共同制订人才培养方案，围绕产业关键技术、核心问题开展实践研究，探索研究生培养与行业企业统筹融合、良性互动的人才培养模式，不断提高专业学位研究生人才培养质量。

第五，健全和完善专业学位研究生培养质量控制和保障体系。在高校层面，应不断健全专业学位研究生教育的分级管理机制，严控培养过程中的关键环节、关键因素，细化并落实全过程管理责任。针对专业学位研究生的培养特点，可以充分发挥行业企业和专业组织的作用，不断健全分类分层次评价体系，推进专业学位与职业资格的有机衔接。还应高度重视评价的导向和诊断功能，发挥评价在专业学位类别结构调整优化等方面的作用，以提高主动服务区域经济建设、社会发展和科技进步需求的能力。

第六，积极推动专业学位研究生教育的国际交流和合作。在全球研究生教育日益国际化的大背景下，政府和高校均应积极推进专业学位研究生教育的开放办学，创新研究生培养模式，加大对研究生国（境）外交流学习、短期学术访问、实习实践以及联合培养的支持力度，积极对接国家对外开放战略，开展研究生教育的国际交流与合作，推动与国外高校开展研究生双学位联合培养、专业课程合作建设、与高层次外国学者联合授课、学分和学位互认等。鼓励支持研究生导师和学生参与国际学术交流活动，进一步提高国（境）外交流、访学的教师和学生比例，加强研究生跨文化学习和工作能力的培养，提高对研究生国（境）外学习及实习实践、学术交流的资助力度，以提高专业学位研究生人才培养的国际化水平。

第七，强化导师团队建设，促进导师科研能力转化为育人能力，打造师生科研育人共同体。发挥导师引路人作用，不断提升研究生导师的政治素质、师德师风、学术道德、科研水平、精力投入、育人实效，既做学业导师，又做人生导师。建立常态化、规范化、类型化、科学化、全覆盖的导师培训机制，严格选聘国内外行业和科研院所优秀人才参与研究生培养，构建以研究生创造力培养为核心的导师指导团队体系，实现导师团队育人全覆盖。严格导师遴选、考核、淘汰制度，探索研究生导师激励机制，不断增强校外高水平人才引进和校内团队自我培育，积极强化导师团队建设的良性机制。

第八，强化专业学位授权点自我评价功能，推进教育评价改革，不断提高质量标准。坚持质量和评价导向，完善专业学位授权点自我评价制度，明确各专业学位授权点建设目标，开展年度发展性评价，基于学位授权点建设与发展数据和资料的呈现，形成发展过程分析与认识，注重评价的诊断功能，促进各专业学位授权点建设目标的实现，提高主动服务区域经济建设、社会发展和科技进步需求的能力。

参 考 文 献

［1］Penrose E T. 企业成长理论［M］. 赵晓，译. 上海：上海人民出版社，2007.

［2］白列湖. 协同论与管理协同理论［J］. 甘肃社会科学，2007（5）：228－230.

［3］鲍玉昆，张金隆，孙福全，等. 基于SMART准则的科技项目评标指标体系结构模型设计［J］. 科学学与科学技术管理，2003（2）：46－48.

［4］茶世俊. 中国研究生教育制度渐进变迁研究（1978—2003）［D］. 北京：北京大学，2006.

［5］陈静. 我国专业学位研究生教育发展问题研究［D］. 重庆：西南大学，2013.

［6］陈鹏超. 基于创新导向的我国高校科技评价研究［D］. 武汉：华中科技大学，2017.

［7］陈鹏飞，崔宏伟，梁俊青.“互联网＋”情境下研究生教育质量评价存在的问题及提升策略［J］. 内蒙古医科大学学报，2019，41（S2）：182－185.

［8］陈秀金，王耀，李兆周，曹力. 食品科学专业学位研究生教育质量评价体系的探索［J］. 现代农业科技，2018（17）：270－271，274.

［9］程安林，张俊俊. 专业学位研究生培养质量评价要素体系研究［J］. 高等农业教育，2019（4）：95－98.

［10］程砚秋．基于序关系分析法的全日制专业学位研究生培养质量评价研究［J］．科教导刊（上旬刊），2019（4）：58 - 59，71.

［11］单凌寒，杨昊鹏，李叶，等．来华留学研究生教育质量评价指标研究［J］．黑龙江高教研究，2020，38（3）：18 - 22.

［12］邓锐．临床医学专业学位研究生培养存在问题的荟萃分析［J］．中国高等医学教育，2018（8）：122 - 123.

［13］第五轮学科评估工作方案［EB/OL］．教育部网站．http：//www. moe. gov. cn/jyb_xwfb/moe_1946/fj_2020/202011/t20201102_497819. html，2020 - 11 - 03.

［14］董秀华．我国学位与研究生教育评估的发展及其基本特点［J］．学位与研究生教育，2000（5）：33 - 39.

［15］冯亚冰，韩振来，孙书荣．专业学位研究生教育质量评价研究［C］// Proceedings of 2017 2nd International Conference on Education & Educational Research and Environmental Studies（EERES 2017），2017，109：159 - 164.

［16］弗里曼．战略管理：利益相关者方法［M］．王彦华，梁豪，译．上海：上海译文出版社，2006.

［17］弗里曼．战略管理：利益相关者管理的分析方法［M］．上海：上海译文出版社，1984.

［18］高等学校与科研院所学位与研究生教育评估所在京成立［J］．学位与研究生教育，1994（5）：6.

［19］顾明远．教育大辞典［M］．上海：上海教育出版社，1998.

［20］顾媛．我国高校研究生院建设研究［D］．南京：南京师范大学，2018.

［21］郭乃云．专业学位研究生教育质量保障体制研究［D］．武汉：武汉理工大学，2015.

［22］国务院教育督导委员会办公室关于印发《全国专业学位水平评估实施方案》的通知［EB/OL］．教育部网站．http：//www. moe. gov. cn/srcsite/A11/s7057/202011/t20201126_501861. html，2020 - 11 - 23.

［23］国务院学位委员会第六届学科评议组．学位授予和人才培养一级学科

简介 [M]. 北京：高等教育出版社，2013.

[24] 国务院学位委员会第六届学科评议组. 一级学科博士、硕士学位基本
要求 [M]. 北京：高等教育出版社，2014.

[25] 国务院学位委员会第七届学科评议组. 学术学位研究生核心课程指南
（一）—（五）试行 [M]. 北京：高等教育出版社，2020.

[26] 国务院学位委员会 教育部关于印发《专业学位研究生教育发展方案
（2020－2025）》的通知 [EB/OL]. 教育部网站. http：//www. moe.
gov. cn/srcsite/A22/moe_826/202009/t20200930_492590. html，2020－
09－30.

[27] 何剑彤. 基于协同理论的专业学位研究生培养模式系统结构与机制研
究 [D]. 大连：大连海事大学，2015.

[28] 胡恩华，顾桂芳，杨晓江. 专业学位研究生教育质量评价主体研究
[J]. 研究生教育研究，2016（1）：31－35.

[29] 胡玲琳. 学术型与应用型人才培养类型并存的驱动因素探析 [J]. 学位
与研究生教育，2011（6）：58－61.

[30] 胡秋兰，赵三银，吴邵兰. 高职本科协同人才培养模式的探索：基于
利益相关者的视角 [J]. 韶关学院学报，2020，41（5）：16－19.

[31] 黄宝印. 我国专业学位教育发展的回顾与思考（上）[J]. 学位与研究
生教育，2007（6）：4－8.

[32] 黄宝印. 我国专业学位教育发展的回顾与思考（下）[J]. 学位与研究
生教育，2007（7）：26－31.

[33] 黄宝印，唐继卫，郝彤亮. 我国专业学位研究生教育的发展历程 [J].
中国高等教育，2017（2）：18－24.

[34] 黄宝印，徐维清，郝彤亮. 建立自我评估制度健全质量保证体系 [J].
中国高等教育，2015（11）：7－9.

[35] 黄宝印，徐维清，张艳，郝彤亮. 加快建立健全我国学位与研究生教育
质量保证和监督体系 [J]. 学位与研究生教育，2014（3）：1－9.

[36] 黄滋淳. 学科评估指标体系历史变迁探究 [J]. 上海教育评估研究，
2018（6）：20－25.

[37] 贾生华，陈宏辉. 利益相关者管理：新经济时代的管理哲学 [J]. 软科学，2003 (1)：39 - 42，46.

[38] 焦磊. 高等教育利益相关者理论研究的进路 [J]. 高教发展与评估，2018，34 (4)：1 - 8，103.

[39] 教育部 国家发展改革委 财政部关于加快新时代研究生教育改革发展的意见 [EB/OL]. 教育部网站. http：//www. moe. gov. cn/srcsite/A22/s7065/202009/t20200921_489271. html，2020 - 09 - 21.

[40] 黎敏仪，罗艳华. 中美护理硕士研究生教育质量评价的研究进展 [J]. 护理学杂志，2019，34 (15)：104 - 107.

[41] 李福华. 大学治理的理论基础与组织架构 [M]. 北京：教育科学出版社，2008.

[42] 李娟. 构建专业学位研究生教育外部质量评价体系 [N]. 中国教育报，2014 - 01 - 13 (6).

[43] 李娟，孙雪，王守清. 专业学位研究生教育的外部质量评价体系的构建：以职业资格认证为导向 [J]. 黑龙江高教研究，2010 (11)：57 - 59.

[44] 李珏闻，金海燕，张金玉. 行业性高校学位授权点自我评估的问题与对策 [J]. 教育教学论坛，2021 (20)：29 - 32.

[45] 李蒙. 校企合作视域下职业教育利益相关者权益保障研究 [D]. 金华：浙江师范大学，2019.

[46] 李明德，刘婵君. 新闻与传播硕士专业学位研究生培养模式：现状、反思与变革 [J]. 学位与研究生教育，2014 (7)：21 - 27.

[47] 李强. 利益相关者视角下的高等职业教育产教融合人才培养模式研究 [D]. 武汉：湖北工业大学，2021.

[48] 李占华，崔海燕，李祥瑞，等. 兽医专业学位研究生教育发展状况调查与分析 [J]. 高等农业教育，2019 (4)：99 - 106.

[49] 梁丹.《全国专业学位水平评估实施方案》出台 [N]. 中国教育报，2020 - 11 - 28 (1).

[50] 梁珍淑，李学静，梁候明，等. 全日制专业学位硕士研究生培养质量

评价研究 [J]. 中国轻工教育, 2018 (3): 12 – 16, 21.

[51] 廖益. 大学学科专业评价研究: 以广东省高等学校名牌专业和重点学科为例 [D]. 厦门: 厦门大学, 2007.

[52] 林巧玲. 利益相关者视角下中职会计专业人才培养质量评价 [D]. 广州: 广东技术师范大学, 2020.

[53] 刘冰. 硕士专业学位研究生教育质量保障体系研究: 以天津市为例 [D]. 天津: 天津大学, 2017.

[54] 刘金梅, 付浩海. 国外专业学位研究生教育质量评价特色与借鉴 [J]. 中外企业家, 2014 (36): 269.

[55] 刘卫东. 专业学位研究生教育质量保障体制研究: 以交通运输类专业为例 [J]. 科技经济导刊, 2018 (31): 142 – 143.

[56] 刘小洋, 刘万平, 刘超, 等. 基于 SVM 理论的专业学位硕士研究生教学质量评价研究 [J]. 科技资讯, 2019, 17 (20): 205 – 206.

[57] 刘洋. 艺术学科的评价研究与构建: 学科生态演进的视角 [D]. 杭州: 中国美术学院, 2020.

[58] 刘作斯. 以职业能力为导向的专业学位研究生培养质量评价体系研究 [D]. 湘潭: 湘潭大学, 2019.

[59] 吕红艳, 罗英姿. "学生参与" 视域下翻译硕士教育质量评价框架 [J]. 学位与研究生教育, 2019 (12): 12 – 17.

[60] 马令勇, 滕振超, 王秋实, 李清, 孟凡斌. 建筑与土木工程全日制专业学位研究生培养质量保障体系构建研究 [J]. 科教导刊 (下旬), 2019 (24): 41 – 43.

[61] 马晓雪, 何剑彤, 谢梓帆. 基于协同的专业学位研究生培养模式创新研究 [J]. 航海教育研究, 2017, 34 (3): 38 – 41.

[62] 马永红, 刘润泽, 于苗苗. 专业学位研究生教育质量指数研究 [J]. 研究生教育研究, 2019 (5): 9 – 15, 37.

[63] 马悦. 浙江省高等院校研究生人才培养质量评价研究 [D]. 杭州: 杭州电子科技大学, 2021.

[64] 孟凡芹. 我国高等教育人才培养质量标准体系研究 [D]. 大连: 大连

理工大学，2016.

[65] 孟庆华.新工科背景下车辆工程专业学位研究生培养模式探讨：以杭州电子科技大学车辆工程专业为例 [J].中国现代教育装备，2022 (11)：94 –96.

[66] 苗磊.全日制硕士专业学位研究生教育质量评价体系研究 [J].教书育人（高教论坛），2017 (15)：56 –57.

[67] 宁利川，谢元敏，朱文琼，等.面向智能制造的机械专业研究生培养模式探究 [J].大学教育，2021 (12)：174 –176.

[68] 潘柏松，胡珏，秦宝荣.基于协同理论的 CDIO 工程教育模式探索：以机械工程及自动化专业为例 [J].中国大学教学，2012 (5)：35 –38.

[69] 祁凯，关莹，崔英娜，等."互联网＋"背景下的研究生教育质量评价体系研究 [J].教育教学论坛，2019 (19)：184 –186.

[70] 全国专业学位研究生教育指导委员会.专业学位类别（领域）博士、硕士学位基本要求 [M].北京：高等教育出版社，2015.

[71] 全国专业学位研究生教育指导委员会.专业学位研究生核心课程指南（一）—（二）试行 [M].北京：高等教育出版社，2020.

[72] 孙丰云，任科法，冯威，杨凤英，左永红，刘永辉.CIPP 模式下农业硕士专业学位研究生培养质量评价研究：以成都大学为例 [J].教育现代化，2020，7 (53)：99 –102.

[73] 孙国友.全日制体育硕士专业学位研究生培养问题研究——基于可雇佣性视角的分析 [D].南京：南京师范大学，2016.

[74] 孙涵，罗艳蕊，马爱民.我国体育硕士专业学位研究生教育不均衡性的表现及分析 [J].武汉体育学院学报，2012，46 (6)：97 –100.

[75] 孙配贞，林泉，余祖伟.基于协同创新的教育硕士专业学位研究生培养模式研究 [J].广州广播电视大学学报，2019，19 (2)：37 –40，108.

[76] 孙若红，孙妍玉.全日制专业学位硕士研究生培养中的问题及对策 [J].现代教育管理，2013 (4)：60 –63.

[77] 孙晓.利益相关者理论综述 [J].经济研究导刊，2009 (2)：10 –11.

[78] 孙晓. 专业学位研究生教育质量保障体系研究 [J]. 文教资料，2015 (17)：73 - 74.

[79] 孙严. 出版硕士专业学位教育质量评价体系构建研究 [D]. 南京：南京大学，2020.

[80] 陶学文，别敦荣. 我国专业学位研究生培养模式及其创新研究 [J]. 高等教育研究. 2013，34 (2)：66.

[81] 王长峰. 重点学科建设质量评估指标体系研究 [D]. 北京：中国石油大学，2001.

[82] 王晨光. 基于利益相关者视角探析行业特色院校专业学位研究生协同培养模式 [J]. 开封教育学院学报，2018，38 (11)：69 - 70.

[83] 王锋，吴从新，李凯风. 专业学位研究生"内外协同"的培养模式构建研究：以资产评估专业为例 [J]. 当代教育理论与实践，2019，11 (5)：124 - 129.

[84] 王红乾. 新中国学位与研究生教育史上的十次学位授权审核回顾 [J]. 文教资料，2008 (11)：154 - 158.

[85] 王丽婧. 全日制专业学位硕士研究生教育质量保障体系研究及构建 [J]. 理论观察，2019 (1)：109 - 111.

[86] 王明海，张诗林. 利益相关者视角下的"3 + X"教学质量保障与监控体系构建 [J]. 常州信息职业技术学院学报，2016，15 (1)：47 - 49.

[87] 王耀，康怀彬，陈秀金，等. 食品加工与安全专业学位硕士研究生教育质量保障体系建设探讨 [J]. 现代农业科技，2019 (3)：255 - 256.

[88] 王战军，乔刚. 改革开放40年中国研究生教育的成就与展望 [J]. 学位与研究生教育，2018 (12)：7 - 13.

[89] 王兆君，任兴旺. 国外跨学科研究生教育经验及其对我国跨学科研究生培养的启示 [J]. 青岛科技大学学报（社会科学版），2018，34 (2)：109 - 116.

[90] 吴玲，纪元霞，文斌，等. 西部农林院校硕士研究生质量监控体系研究：以云南农业大学为例 [J]. 中国高等教育评估，2018 (4)：54 - 59.

［91］吴文婷，黄艺，关志宇，等. 基于 AHP 法的全日制硕士专业学位研究生教育质量内部保障体系的研究：以江西 Y 大学中药学专硕为例［J］. 教育现代化，2019（40）：1－3.

［92］吴莹，敬小军，宋俊峰，等. 专业学位研究生教育质量保障体系研究：背景、经验和启示［J］. 教书育人（高教论坛），2018（24）：20－23.

［93］吴永春，韩娜. 政府工程类采购评标体系构建与电子化系统应用研究［M］. 北京：经济科学出版社，2022.

［94］谢绪磊，李智. 全日制工程硕士培养质量评价指标体系的构建［J］. 南京理工大学学报（社会科学版），2018，31（5）：71－75.

［95］胥超，陈金源. 建立健全医学专业学位研究生教育质量评价体系的研究［J］. 现代医院，2018，18（8）：1119－1123.

［96］徐波，李烨青，周通，等. 生物专业学位硕士研究生质量保障体系探究［J］. 大学教育，2017（1）：163－164，167.

［97］徐鑫. 全日制教育硕士专业学位研究生的培养模式研究［D］. 武汉：湖北工业大学，2018.

［98］薛建峰，杨虹蓁，陶颖. 硕士专业学位研究生培养模式存在的问题与对策研究［J］. 北华航天工业学院学报，2022，32（1）：19－21.

［99］学位授予和人才培养学科目录（2018 年 4 月更新）［EB/OL］. 教育部网站，http：//www. moe. gov. cn/jyb_sjzl/ziliao/A22/201804/t20180419_333655. html，2018－04－19.

［100］杨保安，张科静. 多目标决策方法：理论、方法与应用研究［M］. 上海：东华大学出版社，2008.

［101］杨昊鹏，单凌寒，李叶，等. 体验导向的医学院校来华留学研究生教育质量评价框架研究：基于多主体访谈的实证研究［J］. 医学教育研究与实践，2021，29（3）：350－354，394.

［102］杨苏. CIPP 视阈下工程管理专业实践教学质量评价体系构建与实证分析［J］. 廊坊师范学院学报（自然科学版），2022，22（2）：94－100.

［103］杨卫. 融合专家判断与客观数据的学科评估［EB/OL］. 教育部网站.

http：//www. moe. gov. cn/jyb _ xwfb/moe _ 2082/zl _ 2020n/2020 _ zl58/202011/t20201103_498058. html，2020 – 11 – 03.

[104] 杨鑫，王有志．关于学位点评估标准体系的探究 ［J］. 黑龙江高教研究，2016（1）：30 – 34.

[105] 以学生实践创新能力和职业胜任能力为核心，重视用人单位反馈评价——《全国专业学位水平评估实施方案》出台 ［EB/OL］. 教育部网站．http：// www. moe. gov. cn/jyb _ xwfb/s5147/202011/t20201130 _ 502437. html，2020 – 11 – 28.

[106] 张国财，赵博，张杰．在"双一流"学科建设背景下林业专业学位研究生人才培养模式改革与探索 ［J］. 黑龙江教育（高教研究与评估），2022（2）：38 – 40.

[107] 张立迁．专业学位评估设计理念彰显大智慧 ［N］. 中国教育报，2020 – 12 – 04（2）.

[108] 张明光，朱建国，陈慧宁，侯超．"双一流"背景下地方高校学位授权点合格评估体系研究与构建：以山东科技大学为例 ［J］. 科技成果管理与研究，2017（10）：28 – 30，36.

[109] 张锐．了解形势，把握重点，以实际行动助力学校高质量内涵式发展：郑州航空工业管理学院教育思想大讨论思考 ［J］. 郑州航空工业管理学院学报（社会科学版），2019（4）：1 – 11.

[110] 张世义．利益相关者理论视角下的高校学前教育专业本科人才培养研究 ［M］. 长春：东北师范大学出版社，2019.

[111] 张世义．利益相关者理论视角下的高校学前教育专业本科人才培养研究 ［D］. 南京：南京师范大学，2014.

[112] 张同全，田一丹．基于"人职匹配"的专业学位硕士研究生教育质量评价的实证研究：山东省的数据 ［J］. 高等教育评论，2019，7（2）：182 – 194.

[113] 张秀芳，张吉国．研究生教育内部质量保障问题研究：回顾与展望 ［J］. 对外经贸，2019（4）：134 – 137.

[114] 张艳萍．论专业学位研究生教育自我评估的意义和原则 ［J］. 文理导

航·教育研究与实践，2013（1）：18 – 19.

[115] 张元，熊凤光，况立群.“新工科”计算机专业学位研究生培养质量评价体系改革 [J]. 计算机时代，2020（11）：113 – 116.

[116] 章雁. 创新教育视域下专业学位研究生培养模式的构成要素及保障体系 [J]. 教书育人，2013（21）：16 – 18.

[117] 章雁. 美国专业学位研究生教育质量的保证措施及对我们的启示 [J]. 教书育人，2013（24）：55 – 57.

[118] 赵纯均. 中国 MBA 教育的成就回顾 [EB/OL]. MBAChina 网. https：//www. mbachina. com/html/tsinghua/201802/133235. html，2011 – 05 – 21.

[119] 赵丁选，王敏，卢辉斌. 多主体协同的工程专业学位研究生培养模式探索与实践 [J]. 学位与研究生教育，2021（12）：9 – 19.

[120] 中国学位与研究生教育大事记 [EB/OL]. 学位与研究生教育网站，http：//www. adge. edu. cn/ch/new_list. aspx.

[121] 周险峰. 教育硕士专业学位研究生培养的进展、问题及对策：基于二十四所培养高校的调查分析 [J]. 学位与研究生教育，2015（2）：36 – 40.

[122] 周晓婧，杨蜀康. 基于 AHP 的专业学位研究生教育外部质量评价体系研究 [J]. 浙江理工大学学报，2014，32（6）：233 – 237.

[123] 朱光燕. 医学院校研究生质量评价与保障体系研究 [J]. 决策探索（下），2021（3）：93 – 94.

[124] 朱金明. 我国专业学位研究生教育质量保障体系研究 [D]. 天津：天津大学，2020.

[125] Akareem H S, Hossain S S. Determinants of Education Quality：What Makes Students' Perception Different? [J]. Open Review of Educational Research，2016（3）：1，52 – 67.

[126] Ansoff H I. Corporate Strategy：An Analytic Approach to Business Policy for Growth and Expansion [M]. New York：Mc-Graw-Hill，1965.

[127] Bi L, Bi S S. The Reform Countermeasures of the Cultivation Mode of Pro-

fessional Degree Graduates in China［C］//2019 3rd International Conference on Education, Culture and Social Development（ICECSD 2019）. Atlantis Press, 2019: 183 – 188.

［128］Chen T, Deng F-A , Ren S-Z. Reform and Exploration of the Training Mode of Postgraduate with Full-time Professional Degree［C］//2016 International Conference on Education, E-learning and Management Technology. Atlantis Press, 2016: 493 – 497.

［129］Crampton P, Mehdizadeh L, Page M, et al. Realist Evaluation of UK Medical Education Quality Assurance［J］. BMJ Open, 2019（9）: 033614.

［130］Lin M-Q, Chang K, Gong L. The Operation Mechanisms of External Quality Assurance Frameworks of Foreign Higher Education and Implications for Graduate Education［J］. Chinese Education & Society, 2016, 49: 1 – 2, 72 – 85.

［131］Sharma S. Quality Management in Skill Based Education［J］. International Journal in Management & Social Science, 2016（5）: 140 – 142.

［132］Swuste P, Galera A, Van Wassenhove W, et al. Quality Assessment of Postgraduate Safety Education Programs, Current Developments with Examples of Ten（Post）Graduate Safety Courses in Europe［J］. Safety Science, 2021, 141: 105338.

［133］Wei W-T, Liu J-Y, Liu Y-H, et al. Evaluation Index System of Education Quality for Nursing Professional Degree Postgraduate Using the Analytic Hierarchy Process［J］. Medicine, 2021（24）.

［134］Zhang Z, Wang M. Research on Graduate Education Quality Evaluation based on Combination Empowerment and Comprehensive Fuzzy Model［J］. IOP Conference Series: Materials Science and Engineering, 2020, 768（5）.

［135］Zhao L, Qi W-J, Wu Y-C. The Construction of the Index System for Quality Evaluation in Professional Graduate Education based on Stakeholder Theory［C］//2021 11th International Conference on Information Technology in

Medicine and Education (ITME). IEEE, 2021: 528 –532.

[136] Zheng Z, Zhu J. Research on The Training Guarantee System of Profession-al Degree Graduates based on "Four-Dimensional Linkage" [C]//2018 4th Annual International Conference on Modern Education and Social Science (MESS 2018). Atlantis Press, 2018: 313 –318.

图书在版编目（CIP）数据

专业学位研究生教育质量多主体多维度评价体系研究/
赵莉，吴永春著 . -- 北京：经济科学出版社，2022.10
ISBN 978 - 7 - 5218 - 4081 - 0

Ⅰ.①专…　Ⅱ.①赵…②吴…　Ⅲ.①研究生教育 -
研究 - 中国　Ⅳ.①G643

中国版本图书馆 CIP 数据核字（2022）第 184513 号

责任编辑：周国强
责任校对：王苗苗
责任印制：张佳裕

专业学位研究生教育质量多主体多维度评价体系研究

赵　莉　吴永春　著

经济科学出版社出版、发行　新华书店经销

社址：北京市海淀区阜成路甲 28 号　邮编：100142

总编部电话：010 - 88191217　发行部电话：010 - 88191522

网址：www. esp. com. cn

电子邮箱：esp@ esp. com. cn

天猫网店：经济科学出版社旗舰店

网址：http://jjkxcbs. tmall. com

北京季蜂印刷有限公司印装

710×1000　16 开　11.75 印张　190000 字

2022 年 10 月第 1 版　2022 年 10 月第 1 次印刷

ISBN 978 - 7 - 5218 - 4081 - 0　定价：78.00 元

（图书出现印装问题，本社负责调换。电话：010 - 88191510）

（版权所有　侵权必究　打击盗版　举报热线：010 - 88191661

QQ：2242791300　营销中心电话：010 - 88191537

电子邮箱：dbts@ esp. com. cn）